ARTHUR SCHOPENHAUER
(1788-1860)

ARTHUR SCHOPENHAUER nasceu em Gdansk (então Prússia, atual Polônia), numa família de respeitáveis comerciantes de origem holandesa. Após o suicídio do pai, começou a estudar medicina e ciências na universidade de Göttingen e, posteriormente, filosofia. Em 1811 mudou-se para Berlim a fim de escrever sua tese de doutorado e lá iniciou a redação de *O mundo como vontade e representação*, terminado em 1818 e publicado no ano seguinte, que reúne o núcleo de sua metafísica. Na época a obra teve pouca repercussão, mas em 1844 foi lançada uma edição expandida. Tornou-se conhecido com a publicação de *Parerga e paralipomena*, que reúne diálogos, ensaios e máximas. Após sua morte, *O mundo* passou a ser considerada uma das obras-chave da filosofia ocidental.

Livros do autor publicados pela **L&PM** EDITORES

Aforismos para a sabedoria de vida
A arte de escrever
Sobre a vontade na natureza

SCHOPENHAUER

A arte de escrever

Organização, tradução, prefácio e notas de
Pedro Süssekind

Sobre a erudição e os eruditos
Pensar por si mesmo
Sobre a escrita e o estilo
Sobre a leitura e os livros
Sobre a linguagem e as palavras

www.lpm.com.br

Coleção **L&PM** POCKET, vol. 479

Texto de acordo com a nova ortografia.

Primeira edição na Coleção **L&PM** POCKET: dezembro de 2005
Esta reimpressão: janeiro de 2024

Título original: *Über Gelehrsamkeit und Gelehrte; Selbstdenken; Über Schriftstellerei und Stil; Über Lesen und Bücher; Über Sprache und Worte*

Capa: Ivan Pinheiro Machado. *Ilustração*: Retrato de Arthur Schopenhauer (1859), óleo sobre tela, 62x51cm, de Angilbert Wunibald Göbel / Kassel / Neue Galerie / Latinstock Album Akg-Images
Organização, tradução, prefácio e notas: Pedro Süssekind
Revisão: Clóvis Victoria e Jó Saldanha

ISBN 978-85-254-1464-9

S373a	Schopenhauer, Arthur, 1788-1860
	    A arte de escrever/ Arthur Schopenhauer; tradução, organização, prefácio e notas de Pedro Süssekind. – Porto Alegre: L&PM, 2024.
	    176 p. ; 18 cm. – (Coleção L&PM POCKET, v. 479)
	
	    1.Filosofia alemã-Schopenhauer-Filologia. 2.Süssekind, Pedro, org. I.Título.II.Série.
	
	CDU 141.43:801
	801:141.143

Catalogação elaborada por Izabel A. Merlo, CRB 10/329.

© da tradução, L&PM Editores, 2005

Todos os direitos desta edição reservados a L&PM Editores
Rua Comendador Coruja, 314, loja 9 – Floresta – 90.220-180
Porto Alegre – RS – Brasil / Fone: 51.3225.5777

PEDIDOS & DEPTO. COMERCIAL: vendas@lpm.com.br
FALE CONOSCO: info@lpm.com.br
www.lpm.com.br

Impresso no Brasil
Verão de 2024

Sumário

Sobre a literatura em seus vários aspectos –
   Pedro Süssekind / 7

Sobre a erudição e os eruditos / 19
Pensar por si mesmo / 39
Sobre a escrita e o estilo / 55
Sobre a leitura e os livros / 127
Sobre a linguagem e as palavras / 145

Sobre o tradutor / 169

Sobre a literatura em seus vários aspectos

Para traduzir os textos de Schopenhauer, um poliglota e um estudioso da linguagem com uma visão muito crítica acerca do exercício da tradução, é preciso deixar de lado sua recomendação: "Escreva seus próprios livros dignos de serem traduzidos e deixe outras obras como elas são".* Essa recomendação se baseia numa valorização do estudo das línguas, especialmente das línguas clássicas, o grego, o latim e também o sânscrito, que o autor considera muito superiores às línguas modernas. (Apenas o alemão poderia concorrer com elas, enquanto as outras principais línguas europeias não passariam de dialetos.) De acordo com a concepção da linguagem exposta por Schopenhauer, "todas as traduções são necessariamente imperfeitas"**, pois as expressões características, marcantes e significativas de uma língua não podem ser transpostas para outra. Por trás dessa crítica aos tradutores está a noção de que cada língua possui palavras específicas que expressam determinados conceitos com muito mais precisão do que todas as outras línguas. Assim, ao aprender uma língua, estaríamos ampliando e refinando nosso acervo

---

* "Sobre a escrita e o estilo", pág. 61.
** "Sobre a linguagem e as palavras", pág. 150.

de conceitos, da mesma maneira que, ao traduzi-la, muitas vezes substituiríamos as palavras exatas que expressam certo conceito por palavras apenas correspondentes, mas imprecisas.

Essa maneira bastante polêmica de criticar o exercício da tradução é característica do estilo do autor nos cinco escritos que compõem esta coletânea. Todos eles foram retirados (e traduzidos!) do livro *Parerga und Paralipomena*, de 1851, cujo projeto pode ser esclarecido pelo subtítulo "Pensamentos isolados, todavia ordenados sistematicamente, sobre diversos assuntos". Portanto, a própria obra original é uma espécie de coletânea dos escritos filosóficos curtos de Schopenhauer sobre temas variados. Alguns desses textos retomam questões importantes de sua filosofia, elaboradas anteriormente em *O mundo como vontade e representação* (1818) e em *Sobre o fundamento da moral* (1840), como, por exemplo, "Sobre a filosofia e seus métodos", "Da ética" e "Da metafísica do belo e da estética". Outros discutem assuntos mais prosaicos, como "Sobre o barulho e o ruído" ou o controverso "Sobre as mulheres".

Em todo caso, a organização sistemática mencionada no subtítulo se evidencia sobretudo quando o autor desenvolve em mais de um texto, sob aspectos diferentes, um mesmo assunto. Os cinco escritos reunidos aqui, "Sobre a erudição e os eruditos", "Pensar por si mesmo", "Sobre a escrita e o estilo", "Sobre a leitura e os livros" e "Sobre a linguagem e as palavras" foram publicados em sequência no *Parerga e Paralipomena* e apresentam um tema em comum: a literatura. As considerações a respeito de diversos assuntos feitas nos textos giram em torno desse eixo, desenvolvendo uma argumentação que visa sobretudo identificar a decadência da literatura, criticar os escritores da época do autor, sobretudo na Alemanha, e defender um outro tipo de produção literária que possa ser contraposto ao então vigente.

Em suas críticas, sempre muito contundentes, Schopenhauer chama a atenção para questões bastante atuais, cuja identificação na Alemanha de meados do século XIX pode causar surpresa. Ele ataca a literatura de consumo, procura estabelecer distinções entre os bons autores e os que escrevem por dinheiro, recrimina os jornalistas, condena o hábito de ler apenas novidades deixando de lado os clássicos e faz considerações sobre a degradação da língua pela literatura decadente. Ao desenvolver esses argumentos, o autor inclui também, às vezes de modo aparentemente ocasional, comentários depreciativos sobre a filosofia idealista, especialmente sobre Hegel.

Por exemplo, ao criticar o "espírito pequeno-burguês" das literaturas nacionais, após a abolição do latim como língua erudita comum em toda a Europa, Schopenhauer afirma:

> ....a filosofia de Kant, após um curto período de brilho, atolou-se no pântano da capacidade de julgar alemã, enquanto os fogos-fátuos da pseudociência de Fichte, Schelling e finalmente de Hegel desfrutam, sobre esse pântano, de sua vida fugaz...*

---

* "Sobre a erudição e os eruditos", pág. 19.

Em outro momento, comentando as maneiras de escrever de diversos autores, ele identifica como alguns dos principais problemas estilísticos de sua época a falta de clareza, a prolixidade e os neologismos, que seriam indícios de uma tentativa de dar aparência erudita e profunda a textos sem conteúdo. Schopenhauer caracteriza então três estilos, um "em sentenças curtas, ambíguas e paradoxais, que parecem significar muito mais do que dizem"; outro que, contrariamente ao primeiro, recorre a uma "torrente de palavras, com a mais insuportável prolixidade"; e, por fim, o estilo "científico e profundo, no qual o leitor é martirizado pelo efeito narcótico de períodos longos e enviesados". Para cada tipo estilístico caracterizado, ele dá exemplos entre parênteses, como que de passagem, mencionando Schelling como referência para o primeiro estilo, Fichte para o segundo, e os hegelianos em geral para o terceiro.* Mais adiante, comenta ainda que a ininteligibilidade, considerada como um disfarce dos maus escritores, foi introduzida na Alemanha por Fichte, aperfeiçoada posteriormente por Schelling e teve sua formulação mais refinada com Hegel. Então, resumindo o argumento de sua crítica ao estilo dos filósofos idealistas, o autor afirma: "Em tudo o que eles escrevem, percebe-se que pretendem *parecer* que têm algo a dizer, quando não têm nada".

Os mesmos argumentos são retomados de maneira mais direta no texto "Sobre a leitura e os livros", no qual Schopenhauer afirma, por exemplo, que o "brilhante

---

* "Sobre a escrita e o estilo", pág. 55.

período de Kant" teve como seguidores pseudofilósofos que não buscavam expressar a verdade em estilo claro, mas fazer intrigas e demonstrar brilhantismo escondendo-se atrás de um estilo hiperbólico. Segundo ele, "com Hegel e seus companheiros", "a insolência desses rascunhos sem sentido", a "glorificação mútua sem escrúpulos" e a "evidente premeditação de todo esse movimento bem planejado" chegaram a seu auge e tornaram evidente "a incompetência filosófica na Alemanha da primeira metade do século posterior a Kant".*

Alguns fatos biográficos devem ser considerados, diante da veemência de seus ataques tanto a Hegel quanto às características da literatura "mundana" da época. Arthur Schopenhauer (1788-1860) vinha de uma família bastante ligada a essa literatura, já que sua mãe, Johanna Schopenhauer, foi uma romancista de algum renome e manteve junto com a filha, durante vários anos, um salão literário em Weimar. Nas primeiras décadas do século XIX, essa cidade tinha um papel de destaque na cena cultural alemã, em função da presença de alguns dos mais importantes escritores e filósofos da época, como Herder, Wieland e especialmente Goethe, frequentador habitual dos encontros no salão da viúva Schopenhauer.** Seu filho, embora fosse um grande admirador de Goethe e tenha conhecido o escritor

---

* "Sobre a leitura e os livros", pág. 127.

** Em seu romance *Carlota em Weimar*, ao retratar a sociedade em torno do velho Goethe, Thomas Mann, por exemplo, faz da irmã de Arthur, Adele Schopenhauer, uma personagem bastante importante. Ver Thomas Mann, *Carlota em Weimar*, Rio de Janeiro: Nova Fronteira, 2000, Capítulo 5.

nesse salão, chegando a trabalhar com ele num texto sobre a *Doutrina das cores* (1810) – fato discutido em "Sobre a erudição e os eruditos" –, sempre foi muito crítico em relação às atividades da mãe, com quem tinha discussões constantes. Após um período de estudos nas universidades de Göttingen e Berlim, com alguns retornos a Weimar, Schopenhauer rompeu definitivamente com a família em 1814 e se mudou para Dresden, onde se dedicou a escrever sua grande obra filosófica, *O mundo como vontade e representação*. As principais referências do livro, que ele acabou de redigir em 1818, são Platão e Kant, mas seu pensamento é marcado também pelo estudo da tradição indiana e dos clássicos gregos e latinos.

Após a publicação de *O mundo como vontade e representação*, que foi praticamente ignorado na época, Schopenhauer participou de uma seleção, em 1820, na Universidade de Berlim, e passou a dar aulas no mesmo departamento em que Hegel ocupava uma cátedra. Tentando concorrer com o grande prestígio do filósofo idealista, de quem discordava abertamente, Schopenhauer viu suas aulas esvaziarem cada vez mais, a ponto de lhe restarem apenas quatro alunos no segundo semestre de seu primeiro ano como professor. Influenciado pela pouca repercussão de seu livro e pelo fracasso de seu curso, ele acabaria abandonando o trabalho em Berlim.

Por muitos anos, depois disso, as obras de Schopenhauer continuaram a ter pouco reconhecimento por parte do público e dos estudiosos de filosofia, numa época em que a filosofia idealista de Fichte, Schelling e Hegel era predominante. Foi justamente o livro *Parerga und Paralipomena* – cujo título significa algo como "Acessórios e remanescentes" – que mudou essa situação, em 1851, tornando Schopenhauer um autor conhecido e abrindo caminho para a grande influência que ele teve sobre os artistas, escritores, filósofos das gerações seguintes, como Nietzsche, Wagner, Horkheimer, Thomas Mann, Tolstói e Sartre, entre outros. Em 1854, o compositor Richard Wagner enviou ao filósofo seu ciclo de óperas *O anel dos nibelungos* com a dedicatória "com veneração e gratidão". Ainda jovem, Nietzsche chegou a considerar Schopenhauer o único filósofo alemão do século XIX, além de ter baseado amplamente em suas teorias o primeiro livro que publicou, *O nascimento da tragédia* (1871).* E essa influência também foi marcante no desenvolvimento da psicologia, como Thomas Mann comenta em ensaio sobre o filósofo, chegando a afirmar que "Schopenhauer, psicólogo da vontade, é o pai de toda a psicologia moderna; dele se vai, pelo radicalismo psicológico de Nietzsche, em linha reta até Freud".**

Foi a partir da segunda metade do século XIX, após a publicação de *Parerga und Paralipomena* e do inesperado sucesso desse livro, que o autor passou a ter

* Ver Friedrich Nietzsche, "A Relação da Filosofia de Schopenhauer com uma Cultura Alemã", em *Cinco prefácios para cinco livros não escritos*, Rio de Janeiro: 7letras, 2005 (3ª edição), p. 62. Também "Tentativa de autocrítica", em *O nascimento da tragédia*. São Paulo: Companhia das Letras, 1993.

** Thomas Mann, "Schopenhauer", *Biblioteca do pensamento vivo*, v. 12/13, São Paulo, Martins, s/d., p. 203.

cada vez mais seguidores, cada vez mais professores de filosofia começaram a dedicar cursos à sua obra, e os críticos do sistema idealista passaram a tomá-la como referência. Como se trata de uma reunião de "pensamentos isolados" e "pequenos escritos filosóficos", há várias edições de textos selecionados do livro. Nesta coletânea, o critério para a seleção dos escritos foi o tema – a literatura – discutido em capítulos da segunda parte de *Parerga e Paralipomena* sob diversos aspectos, como a erudição, a escrita e o estilo, a leitura e os livros, a língua e as palavras, a filosofia livresca e o pensamento próprio. Cada texto, na obra original, é apresentado como um capítulo e dividido em itens numerados, de modo que a parte do livro traduzida abrange do §244, que abre o capítulo 21, "Sobre a erudição e os eruditos", até o §303 do capítulo 25, "Sobre a linguagem e as palavras". Esse trecho foi traduzido integralmente, com exceção de uma passagem do item mais longo de "Sobre a escrita e o estilo".* Trata-se de algumas páginas em que o autor analisa uma série de exemplos do uso da língua alemã nos livros de sua época, criticando a consagração de certos erros gramaticais.

Embora o assunto possa interessar aos linguistas e aos estudiosos do idioma alemão, nem os exemplos que ele dá fazem sentido quando traduzidos, nem as explicações se aplicam aos usos da língua portuguesa e de sua gramática. Levando isso em conta, ao organizar esta coletânea, optou-se por uma versão reduzida do texto "Sobre a escrita e o estilo", suprimindo aquela

---

* Item 12 nesta edição, §283 do livro original.

análise de exemplos linguísticos, o que talvez seja mais coerente com os conselhos estilísticos do próprio autor relativos à concisão na escrita, no mesmo item do mesmo texto:

> ...deve-se evitar toda prolixidade e todo entrelaçamento de observações que não valem o esforço da leitura. É preciso ser econômico com o tempo, a dedicação e a paciência do leitor, de modo a receber dele o crédito de considerar o que foi escrito digno de uma leitura atenta e capaz de recompensar o esforço empregado nela.

Se, no original, os exemplos e as explicações são relevantes para a reflexão sobre a escrita e o estilo, na tradução em português essa discussão específica sobre as características do uso da língua alemã nos livros e jornais da primeira metade do século XIX pode parecer uma prolixidade desnecessária e um desvio da atenção do leitor.

Em linhas gerais, os cinco textos aqui reunidos giram em torno da arte de escrever, dedicando muita atenção ao tipo de literatura publicada na época do autor e às consequência da decadência identificada nessa literatura para o pensamento, a língua e a cultura. Por caminhos diversos, o autor retoma seus principais argumentos, reiterando passo a passo o que disse antes, cada vez de uma maneira nova, sob uma outra ótica, como nas variantes das críticas aos filósofos idealistas. Em dado momento, chega até a repetir um argumento anterior: em "Sobre a erudição e os eruditos", afirma que "Para os autores gregos e latinos, as traduções alemãs são um substituto tão bom quanto a chicória é para o café"; em "Sobre a linguagem e as palavras", repete a afirmação usando exatamente a mesma imagem "...quanto às traduções dos escritores da Antiguidade, elas são um sucedâneo de suas obras assim como o café de chicória é um sucedâneo do verdadeiro café". No entanto, embora se evidencie um eixo central e alguns argumentos principais que são retomados, cada texto desenvolve de maneira própria o seu assunto, ou seja, o elemento da literatura sobre o qual o autor escreve.

Ao criticar, sempre de modo veemente, o estilo dos escritores, as preferências dos leitores, as recomendações dos críticos e a maneira de pensar dos filósofos, o que Schopenhauer defende é, no fundo, uma outra maneira de fazer literatura e filosofia. Ele contrapõe às características vigentes o seu próprio estilo, a sua maneira de pensar, de usar a língua etc. Portanto, os cinco textos têm um caráter metalinguístico: eles refletem sobre os diversos aspectos literários que estão contidos neles mesmos; em outras palavras, eles discutem elementos como o estilo, a escrita e o pensamento próprio, constituindo eles mesmos uma formulação escrita exemplar dos pensamentos, no estilo mais apropriado.

Um exemplo desse caráter metalinguístico da reflexão se encontra em "Sobre a escrita e o estilo",* quando o autor faz uma longa crítica ao estilo complicado de construir frases que considera característico dos escritores alemães. Ao recriminar a tendência de inserir orações subordinadas que interrompem o ar-

---
* Item 17.

gumento da oração principal, deixando o leitor em suspenso, Schopenhauer adota o mesmo procedimento, dando a regra e o exemplo ao mesmo tempo, ou seja, comentando o próprio recurso de que faz uso: "Esse despropósito consiste em – quando possível, deve-se dar a regra e o exemplo ao mesmo tempo – interromper a frase, para emendar outra no meio".

Assim, nos cinco textos que compõem esta coletânea, delineia-se uma teoria da escrita que possui traços metalinguísticos e que abrange as diversas questões envolvidas no exercício da exposição do pensamento, seja ele teórico ou literário. Nessa teoria da escrita de Schopenhauer, os assuntos são tratados de modo claro e direto, segundo o estilo defendido por seu autor. Por outro lado, revela-se a todo momento o cuidado com a língua, pensada pelo autor em sua conexão incontornável com a produção literária da época em que ele vive. Nas comparações entre as línguas, entre as épocas, entre os antigos e os modernos, a grande erudição do filósofo está sempre a serviço de seu pensamento próprio, que busca apoio diretamente nas fontes clássicas para elaborar o exercício arriscado e polêmico da crítica de seu tempo. Pouco importa que as censuras por vezes sejam exageradas e violentas, ou que falte rigor científico às etimologias e comparações linguísticas; não só Schopenhauer comprova ser um grande escritor e um pensador original, mas também sua teoria da escrita antecipa muitas questões que seriam retomadas por filósofos posteriores.

Pedro Süssekind

Sobre a erudição e os eruditos

§1.

Quando observamos a quantidade e a variedade dos estabelecimentos de ensino e de aprendizado, assim como o grande número de alunos e professores, é possível acreditar que a espécie humana dá muita importância à instrução e à verdade. Entretanto, nesse caso, as aparências também enganam. Os professores ensinam para ganhar dinheiro e não se esforçam pela sabedoria, mas pelo crédito que ganham dando a impressão de possuí-la. E os alunos não aprendem para ganhar conhecimento e se instruir, mas para poder tagarelar e para ganhar ares de importantes. A cada trinta anos, desponta no mundo uma nova geração, pessoas que não sabem nada e agora devoram os resultados do saber humano acumulado durante milênios, de modo sumário e apressado, depois querem ser mais espertas do que todo o passado. É com esse objetivo que tal geração frequenta a universidade e se aferra aos livros, sempre aos mais recentes, os de sua época e próprios para sua idade. Só o que é breve e novo! Assim como é nova a geração, que logo passa a emitir seus juízos. – Quanto aos estudos feitos simplesmente para ganhar o pão de cada dia, nem os levei em conta.

§2.

Em geral, estudantes e estudiosos de todos os tipos e de qualquer idade têm em mira apenas a *informação*, não a *instrução*. Sua honra é baseada no fato de terem informações sobre tudo, sobre todas as pedras, ou plantas, ou batalhas, ou experiências, sobre o resumo e o conjunto de todos os livros. Não ocorre a eles que a informação é um mero *meio* para a instrução, tendo pouco ou nenhum valor por si mesma, no entanto é essa maneira de pensar que caracteriza uma cabeça filosófica. Diante da imponente erudição de tais sabichões, às vezes digo para mim mesmo: Ah, essa pessoa deve ter pensado muito pouco para poder ter lido tanto! Até mesmo quando se relata, a respeito de Plínio, o Velho*, que ele lia sem parar ou mandava que lessem para ele, seja à mesa, em viagens ou no banheiro, sinto a necessidade de me perguntar se o homem tinha tanta falta de pensamentos próprios que era preciso um afluxo contínuo de pensamentos alheios, como é preciso dar a quem sofre de tuberculose um caldo para manter sua vida. E nem a sua credulidade sem critérios, nem o seu estilo de coletânea, extremamente repugnante, difícil de entender e sem desenvolvimento contribuem para me dar um alto conceito do pensamento próprio desse escritor.

---

* Gaius Plinius Secundus (23-79 d.C.), mais conhecido como Plínio, o Velho, almirante romano, escritor e naturalista clássico. (N.T.)

§3.

Assim como as atividades de *ler e aprender*, quando em excesso, são prejudiciais ao pensamento próprio, as de *escrever e ensinar* em demasia também desacostumam os homens da clareza e profundidade do *saber* e da *compreensão*, uma vez que não lhes sobra tempo para obtê-los. Com isso, quando expõe alguma ideia, a pessoa precisa preencher com palavras e frases as lacunas de clareza em seu conhecimento. É isso, e não a aridez do assunto, que torna a maioria dos livros tão incrivelmente entediante. Pois, como podemos supor, um bom cozinheiro pode dar gosto até a uma velha sola de sapato; da mesma maneira, um bom escritor pode tornar interessante mesmo o assunto mais árido.

§4.

Para a imensa maioria dos eruditos, sua ciência é um meio e não um fim. Desse modo, nunca chegarão a realizar nada de grandioso, porque para tanto seria preciso que tivessem o saber como meta, e que todo o resto, mesmo sua própria existência, fosse apenas um meio. Pois tudo o que se realiza em função de outra coisa é feito apenas de maneira parcial, e a verdadeira excelência só pode ser alcançada, em obras de todos os gêneros, quando elas foram produzidas em função de si mesmas e não como meios para fins ulteriores. Da mesma maneira, só chegará a elaborar novas e grandes concepções fundamentais aquele que tenha suas próprias ideias como objetivo direto de seus estudos, sem se importar com as ideias dos outros. Entretanto os eruditos, em sua maioria, estudam exclusivamente com o objetivo de um dia poderem ensinar e escrever. Assim, sua cabeça é semelhante a um estômago e a um intestino dos quais a comida sai sem ser digerida. Justamente por isso, seu ensino e seus escritos têm pouca utilidade. Não é possível alimentar os outros com restos não digeridos, mas só com o leite que se formou a partir do próprio sangue.

§5.

A *peruca* é o símbolo mais apropriado para o erudito puro. Trata-se de homens que adornam a cabeça com uma rica massa de cabelo alheio porque carecem de cabelos próprios. Da mesma maneira, a erudição consiste num adorno com uma grande quantidade de pensamentos alheios, que evidentemente, em comparação com os fios provenientes do fundo e do solo mais próprios, não assentam de modo tão natural, nem se aplicam a todos os casos ou se adaptam de modo tão apropriado a todos os objetivos, nem se enraízam com firmeza, tampouco são substituídos de imediato, depois de utilizados, por outros pensamentos provenientes da mesma fonte. É por isso que Sterne, em *Tristam Shandy*, afirma sem o menor embaraço: *an ounce of a man's own wit is worth a ton of other's people* (Uma onça de espírito de um homem equivale a uma tonelada do de outras pessoas).*

---

* Uma onça é uma medida de peso inglesa que corresponde a 28,349 gramas. A citação é de *A vida e as opiniões do cavalheiro Tristram Shandy*, do romancista irlandês Laurence Sterne (1713-1768). (N.T.)

De fato, mesmo a mais perfeita erudição tem, em relação ao gênio, a mesma relação que existe entre um herbário e o mundo sempre novo das plantas, em contínua mudança, sempre fresco, sempre gerando novas formas. Não há nenhum contraste maior do que aquele que se verifica entre a erudição do comentador e a ingenuidade infantil dos antigos.

§6.

Diletantes, diletantes! – Assim os que exercem uma ciência ou uma arte por amor a ela, por alegria, *per il loro diletto* [pelo seu deleite], são chamados com desprezo por aqueles que se consagram a tais coisas com vistas ao que ganham, porque seu objeto dileto é o dinheiro que têm a receber. Esse desdém se baseia na sua convicção desprezível de que ninguém se dedicaria seriamente a um assunto se não fosse impelido pela necessidade, pela fome ou por uma avidez semelhante. O público possui o mesmo espírito e, por conseguinte, a mesma opinião: daí provém seu respeito habitual pelas "pessoas da área" e sua desconfiança em relação aos diletantes. Na verdade, para o diletante, ao contrário, o assunto é o fim, e para o homem da área como tal, apenas um meio. No entanto, só se dedicará a um assunto com toda a seriedade alguém que esteja envolvido de modo imediato e que se ocupe dele com amor, *con amore*. É sempre de tais pessoas, e não dos assalariados, que vêm as grandes descobertas.

§7.

Goethe também foi um diletante em sua doutrina das cores*. Ainda dedicarei algumas palavrinhas sobre isso!

A burrice e a maledicência são permitidas: *ineptire est juris gentium* [a inépcia é um direito de todos]. Em compensação, comentar a burrice e a maledicência é um crime, uma insurreição contra os bons costumes e todas as convenções. Trata-se de uma sábia precaução! No entanto, preciso não dar atenção a ela neste momento e falar claramente com os alemães**. Pois tenho a dizer que o destino da doutrina das cores de Goethe constitui uma prova gritante não só da deslealdade, como também, talvez, da total falta de critério do mundo erudito alemão; provavelmente as duas nobres qualidades trabalharam de mãos dadas nesse caso. O grande público culto busca viver bem e se distrair, por isso deixa de lado o que não é romance, comédia ou poesia. Para, excepcionalmente, chegar a ler algo com o objetivo de se instruir, o público aguarda antes uma carta de recomendação com o selo daqueles que mais entendem do assunto, declarando que de fato se

---

* A *Doutrina das cores*, estudo científico publicado por Johann Wolfgang von Goethe (1749-1832) em 1810, é uma contestação bastante controversa da ótica newtoniana. O estudo, em sua oposição aos conhecimentos físicos vigentes, foi muito criticado pelo meio científico da época. No inverno de 1813-1814, Schopenhauer tinha trabalhado, seguindo indicações do próprio Goethe, no artigo intitulado "Sobre a visão e as cores", publicado em 1816. (N.T.)

** Schopenhauer faz um jogo de palavras com "*Deutsch*", "alemão", e "*deutsch*", "claro", "claramente". (N.T.)

encontra ali um ensinamento válido. E os que mais entendem do assunto, supõe o público, são as *pessoas da área*. Ele confunde, assim, os que vivem *de* uma matéria com os que vivem *para* uma matéria, embora essas duas atividades raramente sejam exercidas pelos mesmos homens. Como Diderot já disse, em *O sobrinho de Rameau*, a pessoa que ensina a ciência não é a mesma que entende dela e a realiza com seriedade, pois a esta não sobra tempo para ensinar*. Há pessoas que simplesmente vivem *da* ciência: para eles, a ciência não passa de "uma boa vaca que lhes fornece leite".

Quando o maior espírito de uma nação faz de determinado assunto o principal tema de estudo de sua vida, como é o caso da doutrina das cores de Goethe, e não encontra aprovação alguma, é uma obrigação dos governos, que pagam as academias, encarregá-las de investigar o assunto por meio de uma comissão, como ocorre na França com casos de muito menor importância. Senão, para que existem essas academias que se tornam tão amplas e abrigam tantos imbecis sempre a se vangloriar? Novas verdades de interesse raramente saem delas, então pelo menos deveriam ser capazes de julgar as realizações importantes e ter a obrigação de falar *ex officio*. Em todo caso, o Senhor Link**, membro da Academia de Berlim, ofereceu-nos uma prova de sua capacidade acadêmica de julgar em seus *Propiläen der Naturkunde* [*Propileus da ciência*

---

* Trata-se de Denis Diderot (1713-1784), filósofo e escritor francês. (N.T.)

** Johann Heinrich Friedrich Link (1767-1850), naturalista e botanista alemão. (N.T.)

natural], publicados em 1836. Convencido *a priori* de que seu colega de universidade Hegel era um grande filósofo e de que a doutrina das cores de Goethe era uma tolice, ele estabelece a seguinte relação entre os dois (na página 47): "Hegel se esforça nas mais desmedidas invectivas contra Newton, talvez por *condescendência* – um ato ruim merece uma palavra ruim – com Goethe"*. Portanto, esse Senhor Link se atreve a falar da *condescendência* de um miserável charlatão contra o maior espírito da nação. Ainda acrescento, como prova de sua capacidade de julgar e de seu ridículo atrevimento, a seguinte passagem que esclarece a precedente, no mesmo livro: "Em profundidade, Hegel supera todos os seus antecessores: pode-se dizer que a filosofia deles desaparece diante da sua". (p. 32). E ele conclui assim sua apresentação daquela lamentável palhaçada proveniente da cátedra hegeliana (na página 44): "Esse é o edifício sublime, de bases profundas, da mais elevada sagacidade que a ciência conhece. Palavras como estas, 'o pensamento da necessidade é a liberdade; o espírito cria para si um mundo da eticidade, no qual a liberdade se torna novamente necessidade', enchem de respeito o espírito que se aproxima delas e, uma vez reconhecidas apropriadamente, asseguram àquele que as proferiu a imortalidade". – Como esse Senhor Link não só é membro da Academia de Berlim, mas também se encontra entre os membros notáveis, talvez até entre

---

* Referências a Georg Wilhelm Friedrich Hegel (1770-1831), filósofo alemão, e Isaac Newton (1642-1727), matemático e físico inglês. (N.T.)

as celebridades da erudita república alemã, essas declarações podem servir, já que ninguém as censurou, como *prova da capacidade de julgar alemã e da justiça alemã*. Com isso se entenderá melhor como pôde acontecer que meus escritos, por mais de trinta anos, não tenham sido considerados dignos de atenção.

§8.

Em todo caso, o erudito alemão também é pobre demais para ser honesto e honrado. Por isso, as atividades de torcer, enroscar, acomodar-se e renegar suas convicções, ensinar e escrever coisas em que na verdade não acredita, rastejar, adular, tomar partidos e fazer camaradagens, levar em consideração ministros, gente importante, colegas, estudantes, livreiros, críticos, em resumo, qualquer coisa é melhor do que dizer a verdade e contribuir para o trabalho dos outros – são esses o seu procedimento e o seu método. Desse modo ele se torna, na maioria das vezes, um velhaco cheio de preocupações. Em consequência disso, na literatura alemã em geral e especialmente na filosofia, a deslealdade também se tornou tão predominante, que é de se esperar a chegada a um ponto no qual, sendo incapaz de enganar qualquer pessoa, ela não tenha mais nenhum efeito.

§9.

De resto, na república erudita ocorre o mesmo que nas outras repúblicas: todos amam um homem despretensioso que segue seu caminho com tranquilidade e não pretende ser mais esperto do que os outros. Eles se unem contra as cabeças excêntricas que oferecem perigo, tendo a seu lado a maioria (e que maioria!).

Na república dos eruditos as coisas se passam, em geral, do mesmo modo que na república do México, onde cada um pensa somente nos *seus* benefícios próprios, procurando reconhecimento e poder *para si*, sem nenhuma consideração pelo bem comum, que com isso acaba sendo arruinado. Do mesmo modo, na república dos eruditos, cada um procura promover *a si próprio* para conquistar algum reconhecimento, e a única coisa com que todos estão de acordo é em não deixar que desponte uma cabeça realmente eminente, quando ela tende a se destacar, pois tal coisa representaria um perigo para todos ao mesmo tempo. Com isso, o modo como o todo da ciência é conduzido fica fácil de prever.

§10.

Entre os professores e os eruditos independentes existe, desde muito tempo atrás, um certo antagonismo, que talvez possa ser esclarecido pela comparação com aquele que existe entre os cães e os lobos.

Os professores têm, pela posição que ocupam, grandes vantagens relativas ao reconhecimento por parte de seus contemporâneos. Em contrapartida, os eruditos independentes têm, pela posição que ocupam, grandes vantagens relativas ao reconhecimento por parte da posteridade, porque esse segundo tipo de reconhecimento exige, entre outras coisas muito mais raras, também um certo ócio e uma certa independência.

Como demora muito para que a humanidade chegue a descobrir a quem ela deve conceder sua atenção, o professor e o erudito independente podem realizar seu trabalho paralelamente.

De um modo geral, a forragem da cocheira dos professores é a mais apropriada para esses ruminantes. Em contrapartida, aqueles que recebem o seu alimento das mãos da natureza preferem o ar livre.

§11.

A maior parte de todo o saber humano, em cada um dos seus gêneros, existe apenas no papel, nos livros, nessa memória de papel da humanidade. Apenas uma pequena parte está realmente viva, a cada momento dado, em algumas cabeças. Trata-se de uma consequência sobretudo da brevidade e da incerteza da vida, mas também da indolência e da busca de prazer por parte dos homens. Cada geração que passa rapidamente alcança, de todo o saber humano, somente aquilo de que ela precisa. Em seguida desaparece. A maioria dos eruditos é muito superficial. Segue-se, cheia de esperanças, uma nova geração que não sabe nada e tem de aprender tudo desde o início; de novo ela apanha aquilo que consegue ou aquilo de que pode precisar em sua curta viagem, depois desaparece igualmente. Assim, que desgraça seria para o saber humano se não houvesse escrita e imprensa! As bibliotecas são a única memória permanente e segura da espécie humana, cujos membros particulares só possuem uma memória muito limitada e imperfeita. É por isso que a maioria dos eruditos resiste tanto a deixar que seus conhecimentos sejam examinados, tendo o mesmo comportamento dos comerciantes em relação a seus registros de vendas.

O saber humano se espalha para todos os lados, a perder de vista, de modo que nenhum indivíduo pode saber sequer a milésima parte daquilo que é digno de ser sabido.

Sendo assim, as ciências adquiriram uma tal amplitude em suas dimensões, que alguém com a pretensão de realizar algum empreendimento científico deve se dedicar apenas a um campo muito específico, sem dar importância a todo o resto. Nesse caso, ele de fato se encontrará acima do vulgo em seu campo, no entanto será como qualquer pessoa em todos os outros. Além disso, torna-se cada vez mais comum hoje em dia o descuido com as línguas antigas, cujo aprendizado parcial de nada serve, contribuindo para a decadência geral da cultura humana. Com isso veremos eruditos que, fora de seu campo específico, são verdadeiras bestas.

Em geral, um erudito tão exclusivo de uma área é análogo ao operário que, ao longo de sua vida, não faz nada além de mover determinada alavanca, ou gancho, ou manivela, em determinado instrumento ou máquina, de modo a conquistar um inacreditável virtuosismo nessa atividade. Também é possível comparar o especialista com um homem que mora em sua casa própria, mas nunca sai dela. Na casa, ele conhece tudo com exatidão, cada degrau, cada canto e cada viga, como, por exemplo, o Quasímodo de Victor Hugo conhece a catedral de Notre-Dame, mas fora desse lugar tudo lhe é estranho e desconhecido*.

Em contrapartida, a verdadeira formação para a humanidade exige universalidade e uma visão geral; portanto, para um erudito no sentido mais elevado, algo como um conhecimento enciclopédico da história. Mas quem quer se tornar um filósofo de verdade precisa reunir em sua cabeça as extremidades mais afastadas da vontade humana. Pois onde mais elas poderiam ser reunidas?

Espíritos de primeira categoria nunca se tornarão especialistas eruditos. Para eles, como tais, a totalidade da existência é que se impõe como problema, e é sobre ela que cada um deles comunicará à humanidade novas soluções, de uma forma ou de outra. Pois só pode merecer o nome de gênio alguém que assume como o tema de suas realizações a totalidade, aquilo que é grandioso, as coisas essenciais e gerais, e não alguém que dedica os esforços de sua vida a esclarecer qualquer relação específica de objetos entre si.

---

* Referência ao romance *O corcunda de Notre-Dame*, do escritor francês Victor Hugo (1802-1885). (N.T.)

§12.

A abolição do latim como língua geral da erudição e, em contrapartida, a introdução do espírito pequeno-burguês nas literaturas nacionais foram um verdadeiro infortúnio para as ciências na Europa. Em primeiro lugar, porque só por meio da língua latina havia um público geral de eruditos europeus, ao qual cada livro publicado era dirigido diretamente. Agora o número de cabeças que realmente pensam e são capazes de julgar é tão pequeno em toda a Europa que se enfraquece infinitamente a sua atuação quando o alcance de suas ideias é dividido e compartimentado por fronteiras linguísticas. E as versões feitas por aprendizes literários, às quais os editores dão preferência, são um péssimo substituto para uma língua erudita geral. *Por isso*, a filosofia de Kant, após um curto período de brilho, atolou-se no pântano da capacidade alemã de julgar*, enquanto os fogos-fátuos da pseudociência de Fichte, Schelling e finalmente de Hegel desfrutam, sobre esse pântano, de sua vida fugaz. *Por isso*, a doutrina das cores de Goethe não encontrou aprovação. *Por isso* não me deram atenção. *Por isso*, a nação inglesa, tão intelectual e capaz de julgar, ainda agora é degradada pela beataria e pela mais vergonhosa tutela clerical. *Por isso*, falta à famosa física e zoologia da França o apoio e o controle

---

* O termo usado por Schopenhauer é *Urteilskraft*, o mesmo do título da terceira crítica de Kant, *Kritik der Urteilskraft* [*Crítica da faculdade do juízo*]. Em seguida, ele se refere aos filósofos idealistas Johann Gottlieb Fichte (1762-1814), Friedrich Wilhelm Joseph von Schelling (1775-1854) e Hegel. (N.T.)

de uma metafísica digna e suficiente. E diversos outros exemplos poderiam ser mencionados. Além do mais, a essa grande desvantagem está ligada uma segunda, ainda maior: o fim do aprendizado das línguas antigas. Basta notar o descuido com elas na França e mesmo na Alemanha. Já na década de 1830 a 1840, o *Corpus juris* foi traduzido para o alemão, o que constitui um símbolo inegável da penetração da ignorância na base de toda a erudição, isto é, na língua latina, portanto um símbolo da barbárie*. Agora o processo chegou tão longe, que autores gregos, ou mesmo latinos, são publicados com notas *em alemão*, o que não passa de uma baixeza e de uma infâmia. O verdadeiro motivo disso (seja qual for a desculpa dos editores) é que o responsável pela publicação não sabe mais escrever em latim, e a amável juventude o acompanha com prazer no caminho da preguiça, ignorância e barbárie. Eu tinha a expectativa de ver esse procedimento ser repreendido como merecia nas revistas literárias, mas como me surpreendi ao ver que ele foi recebido sem censura alguma, como se fosse algo perfeitamente aceitável. Isso mostra que os críticos também são uns ignorantes, ou estão mancomunados com os responsáveis pela publicação, ou então com os editores. Assim, de modo geral, a mais despudorada infâmia sente-se inteiramente em casa na literatura alemã.

Considerando uma vulgaridade especial, que agora se insinua como uma prática cada dia mais habitual,

---

* O *Corpus juris* [*Corpo de lei*], base da jurisprudência latina, foi publicado entre 529 e 534 d.C. por ordens do imperador Justiniano I. (N.T.)

preciso censurar ainda o fato de que, nos livros científicos e em jornais propriamente eruditos, até mesmo nos que são publicados por academias, passagens de autores gregos, e até (*proh pudor* [oh vergonha]) de latinos, são traduzidas para o alemão. Que desgraça! Os senhores escrevem para sapateiros e alfaiates? – Acho que sim, e isso para "comercializar" bastante. Então permitam-me observar respeitosamente que os senhores são, em todos sentidos, sujeitos vulgares. Tenham mais honra no corpo e menos dinheiro nos bolsos e deixem os ignorantes sentirem sua inferioridade, em vez de fazer cortesias às suas carteiras. – Para os autores gregos e latinos, as traduções alemãs são um substituto tão bom quanto a chicória é para o café*; além disso, em geral não se pode confiar que estejam corretas.

Se chegamos a tal ponto, então adeus humanidade, gosto nobre e sentido elevado! A barbárie retornou, apesar das ferrovias, da eletricidade e dos balões voando pelos ares. Finalmente perdemos, com isso, uma vantagem de que todos os nossos antepassados tiraram proveito. Ou seja, não é só a Antiguidade romana que nos abre as portas para o latim, mas também a Idade Média inteira, em todos os países europeus, assim como a época moderna até a metade do século passado. Desse modo, por exemplo, Scotus Erigenes no século IX, John Salisbury no XII, Raimundo Lullus no XIII, junto com centenas de outros autores, dirigem-se a mim direta-

---

* Em alguns países utilizava-se a chicória torrada para se obter uma bebida semelhante ao café, chamada, justamente, de café de chicória. (N.E.)

mente na língua que consideravam natural e própria, sempre que pensavam em assuntos científicos. Por isso, ainda hoje eles se encontram muito próximos de mim: estou em contato direto com eles e verdadeiramente os conheço. Contudo, como seria se cada um deles tivesse escrito na língua de seu país, seguindo o estágio em que ela se encontrava na sua época? Seria impossível para mim entender sequer a metade dos seus textos, e um contato espiritual com tais autores se tornaria impossível. Eu os veria como silhuetas no horizonte distante, ou então pelo telescópio de uma tradução. Foi para evitar isso que, como declara expressamente, Bacon de Veralam traduziu ele mesmo seus ensaios para o latim, com o título de *sermones fideles*, embora tenha sido ajudado por Hobbes*. (*S. Thomae Hobesii vita*. Carolopoli 1681, p. 22.)

Deve ser mencionado aqui, só de passagem, o fato de que o patriotismo, quando tem a pretensão de se fazer valer no reino das ciências, não passa de um acompanhante indecente, do qual é preciso se livrar. Quando se trata de questões puras e gerais da humanidade e quando a verdade, a clareza e a beleza devem ser os únicos critérios, o que pode ser mais impertinente do que a tentativa de pôr na balança a preferência pela nação à qual certa pessoa pertence e, em nome desse privilégio, ou cometer uma violência contra a verdade, ou uma injustiça contra os grandes espíritos de nações estrangeiras para destacar espíritos inferiores da própria nação? No entanto, encontramos exemplos dessa vul-

---

* Refere-se a Thomas Hobbes (1588-1679), filósofo inglês. (N.T.)

garidade todos os dias, entre os escritores de todas as nações europeias. Esse traço foi satirizado por Iriarte na trigésima terceira de suas ótimas fábulas literárias*.

§13.

A melhora da qualidade dos estudantes, às custas de sua quantidade já exagerada, deveria ser determinada por lei:

1) Nenhum deles teria permissão para frequentar a universidade antes de completar vinte anos, idade em que passaria por um *examen rigorosum* nas duas línguas antigas antes de fazer a matrícula. Com isso, todavia, o estudante seria liberado do serviço militar e obteria suas primeiras *doctarum praemia frontium* [recompensas das frentes doutas]. Um estudante tem muita coisa para aprender, por isso não pode estragar um ano ou mais de sua vida com o manuseio de armas, um trabalho tão heterogêneo em relação ao seu. Sem contar que essa atividade arruína o respeito que todo iletrado, seja ele quem for, do primeiro ao último, deve ao erudito. É exatamente essa barbaridade que Raupach apresentou em sua comédia *Cem anos atrás*, na qual mostra a brutalidade astuta do "velho Dessauer" contra um candidato**. Por meio da isenção natural do serviço militar para a classe erudita, os exércitos não seriam prejudicados; diminuiria apenas o número de

---

* Trata-se de Tomás de Iriarte (1750-1791), escritor espanhol, autor de diversas fábulas. (N.T.)

** Refere-se a Ernst Raupach (1784-1822), dramaturgo alemão. (N.T.)

maus médicos, maus advogados e juízes, professores escolares ignorantes e charlatães de todo tipo. Pois é certo que cada momento da vida de soldado exerce efeito desmoralizante sobre o futuro erudito.

2) Deveria ser determinado por lei que todos os estudantes universitários, no primeiro ano, fizessem exclusivamente os cursos da faculdade de filosofia, e antes do segundo ano não tivessem permissão para assistir aos das três faculdades superiores*. Em seguida, os teólogos teriam de dedicar dois anos a esses cursos, os juristas, três, os médicos, quatro. Em contrapartida, nos ginásios, o ensino poderia ser limitado a línguas antigas, história, matemática e alemão, com um estudo especialmente aprofundado das línguas antigas**. Em todo caso, como o talento para a matemática é algo muito especial e próprio, que não corre paralelamente às outras capacidades mentais, nem tem nada em comum com elas,*** deveria valer para a aula de matemática uma classificação específica dos alunos. Desse modo, alguém que frequentasse nas outras matérias a primeira turma poderia fazer parte da terceira no curso de matemática, sem nenhum prejuízo para

---

* As três faculdades superiores eram a de teologia, a de direito e a de medicina. (N.T.)

** O *Gymnasium* da Alemanha abrange, nos termos do sistema escolar brasileiro, desde a primeira série primária até o terceiro ano do segundo grau. (N.T.)

*** Sobre esse assunto, ver o belo estudo de W. Hamilton na *Edimburg Review* de janeiro de 1836, na forma de resenha do livro de Whewell, posteriormente publicado junto com outros estudos pelo autor, e traduzido também em alemão com o título *Über den Wert und Unwert der Mathematik* [Sobre o valor e o não valor da matemática], 1836. (N.A.)

seu orgulho. Só assim cada um poderia aprender essa matéria de maneira proveitosa, segundo a medida de suas capacidades.

Como os professores se preocupam mais com a quantidade dos estudantes do que com sua qualidade, é certo que eles não apoiarão tais propostas, e o mesmo vale para a seguinte: as promoções a professor [*Promotionen*] deveriam ser feitas gratuitamente, para que a dignidade de doutor, desacreditada pelo afã de lucro dos professores, voltasse a ser uma honra*. Para isso, os doutores deveriam ser dispensados dos exames estatais.

---

* A *Promotion* [promoção] era uma exigência para a obtenção do título de *Professor* [Professor universitário]. Os doutores alemães deviam defender uma tese de *Habilitation* [habilitação], depois de sua tese de doutorado, para serem "promovidos" e poderem ocupar cátedras nas universidades. (N.T.)

Pensar por si mesmo

§1.

A mais rica biblioteca, quando desorganizada, não é tão proveitosa quanto uma bastante modesta, mas bem ordenada. Da mesma maneira, uma grande quantidade de conhecimentos, quando não foi elaborada por um pensamento próprio, tem muito menos valor do que uma quantidade bem mais limitada, que, no entanto, foi devidamente assimilada. Pois é apenas por meio da combinação ampla do que se sabe, por meio da comparação de cada verdade com todas as outras, que uma pessoa se apropria de seu próprio saber e o domina. Só é possível pensar com profundidade sobre o que se sabe, por isso se deve aprender algo; mas também só se sabe aquilo sobre o que se pensou com profundidade.

No entanto, podemos nos dedicar de modo arbitrário à leitura e ao aprendizado; ao pensamento, por outro lado, não é possível se dedicar arbitrariamente. Ele precisa ser atiçado, como é o fogo por uma corrente de ar, precisa ser ocupado por algum interesse nos assuntos para os quais se volta; mas esse interesse pode ser puramente objetivo ou puramente subjetivo. Este último se refere apenas às coisas que nos concernem pessoalmente, enquanto o interesse objetivo só existe nas cabeças que pensam por natureza, nas mentes para as quais o pensamento é algo tão natural quanto a respiração. Mas mentes assim são muito raras, por isso não se encontram muitas delas em meio aos eruditos.

§2.

O efeito que o pensamento próprio tem sobre o espírito é incrivelmente diferente do efeito que caracteriza a leitura, e com isso há um aumento progressivo da diversidade original dos cérebros, graças à qual as pessoas são impelidas para uma coisa ou para outra. A leitura impõe ao espírito pensamentos que, em relação ao direcionamento e à disposição dele naquele momento, são tão estranhos e heterogêneos quanto é o selo em relação ao lacre sobre o qual imprime sua marca. Desse modo, o espírito sofre uma imposição completa do exterior para pensar, naquele instante, uma coisa ou outra, isto é, para pensar determinados assuntos aos quais ele não tinha na verdade nenhuma propensão ou disposição.

Em contrapartida, quando alguém pensa por si mesmo, segue seu mais próprio impulso, tal como está determinado no momento, seja pelo ambiente que o cerca, seja por alguma lembrança próxima. No caso das circunstâncias perceptíveis, não há uma imposição ao espírito de um determinado pensamento, como ocorre na leitura, mas elas lhe dão apenas a matéria e a oportunidade para pensar o que está de acordo com sua natureza e com sua disposição presente.

Desse modo, o excesso de leitura tira do espírito toda a elasticidade, da mesma maneira que uma pressão contínua tira a elasticidade de uma mola. O meio mais seguro para não possuir nenhum pensamento próprio é pegar um livro nas mãos a cada minuto livre. Essa prática explica por que a erudição torna a maioria dos homens ainda mais pobres de espírito e simplórios do que são por natureza, privando também seus escritos de todo e qualquer êxito.* Como disse Pope, eles estão:

> *For ever reading, never to be read.*
> [Sempre lendo para nunca serem lidos.]
>
> (Pope, *Dunciad*, III, 194)**

Os eruditos são aqueles que leram coisas nos livros, mas os pensadores, os gênios, os fachos de luz e promotores da espécie humana são aqueles que as leram diretamente no livro do mundo.

§3.

No fundo, apenas os pensamentos próprios são verdadeiros e têm vida, pois somente eles são entendidos de modo autêntico e completo. Pensamentos alheios, lidos, são como as sobras da refeição de outra pessoa, ou como as roupas deixadas por um hóspede na casa.

Em comparação com os pensamentos próprios que se desenvolvem em nós, os alheios, lidos, têm uma relação como a que existe entre o fóssil de uma

---
* É tão frequente que as pessoas escrevam como é raro que elas pensem. (N.A.)

** Trecho de Alexander Pope (1688-1714), escritor inglês. (N.T.)

planta pré-histórica e as plantas que florescem na primavera.

§4.

A leitura não passa de um substituto do pensamento próprio. Trata-se de um modo de deixar que seus pensamentos sejam conduzidos em andadeiras por outra pessoa. Além disso, muitos livros servem apenas para mostrar quantos caminhos falsos existem e como uma pessoa pode ser extraviada se resolver segui-los. Mas aquele que é conduzido pelo gênio, ou seja, que pensa por si mesmo, que pensa por vontade própria, de modo autêntico, possui a bússola para encontrar o caminho certo.

Assim, uma pessoa só deve ler quando a fonte dos seus pensamentos próprios seca, o que ocorre com bastante frequência mesmo entre as melhores cabeças. Por outro lado, renegar os pensamentos próprios, originais, para tomar um livro nas mãos é um pecado contra o Espírito Santo. É algo semelhante a fugir da natureza e do ar livre seja para visitar um herbário, seja para contemplar belas regiões em gravuras.

Às vezes é possível desvendar, com muito esforço e lentidão, por meio do próprio pensamento, uma verdade, uma ideia que poderia ser encontrada confortavelmente já pronta num livro. No entanto, ela é cem vezes mais valiosa quando obtida por meio do próprio pensamento. Pois só então ela é introduzida, como parte integrante, como membro vivo, em todo o sistema de nossos pensamentos, estabelecendo com eles uma conexão perfeita e firme, sendo entendida com todos os seus motivos e as suas consequências, adquirindo a cor, o tom, a marca de nosso modo de pensar. Nesse caso, a ideia chega no tempo certo, quando se fazia necessária, por isso é fixada com segurança e não pode mais desaparecer. Trata-se da mais perfeita aplicação e do esclarecimento deste verso de Goethe:

> "O que herdaste de teus pais,
> Adquire, para que o possua".*

Quem pensa por si mesmo só chega a conhecer as autoridades que comprovam suas opiniões caso elas sirvam apenas para fortalecer seu pensamento próprio, enquanto o filósofo que tira suas ideias dos livros, por sua vez, tem essas autoridades como ponto de partida. Com o conjunto das opiniões alheias que leu, ele constrói um todo, que se assemelha então a um autômato constituído com matéria alheia. A construção de quem pensa por si mesmo é, em contrapartida, como a criação de um ser humano vivo. Pois ela foi gerada à medida que o mundo exterior fecundava o espírito pensante, que depois procriou, dando à luz o pensamento.

A verdade meramente aprendida fica colada em nós como um membro artificial, um dente postiço, um nariz de cera, ou no máximo como um enxerto, uma plástica de nariz feita com a carne de outros. Mas a verdade conquistada por meio do próprio pensamento é como o membro natural, pois só ela pertence realmente a nós. Essa é a base das diferenças entre o pensador e o mero erudito. Assim, o produto espiritual

---

* Goethe, *Fausto, Primeira parte*, versos 686-687. (N.T.)

de quem pensa por si mesmo é semelhante a um belo quadro, cheio de vida, com luzes e sombras precisas, uma tonalidade bem definida e uma perfeita harmonia das cores. Em contrapartida, o produto espiritual do erudito é como uma grande paleta cheia de tintas coloridas, dispostas de maneira ordenada, mas sem harmonia, coesão e significado.

§5.

Ler significa pensar com uma cabeça alheia, em vez de pensar com a própria. Nada é mais prejudicial ao pensamento próprio – que sempre aspira desenvolver um conjunto coeso, um sistema, mesmo que não seja rigorosamente fechado – do que uma influência muito forte de pensamentos alheios, provenientes da leitura contínua. Porque esses pensamentos, cada um originado de um espírito diferente, pertencem a um sistema diferente, colorido de modo diferente, e nunca compõem por si mesmos um conjunto de saberes, de ideias, de convicções. Em vez disso, eles produzem em nossa cabeça uma leve confusão babélica de línguas, e o espírito sobrecarregado por elas perde toda a sua clareza e fica como que desorganizado. Esse estado é perceptível em muitos eruditos e faz com que eles sejam inferiores, em termos de saúde do entendimento, de discernimento e praticidade, a muitos iletrados que sempre subordinaram ao próprio pensamento seu conhecimento limitado, adquirido de fora pela experiência, pelas conversas e pelas poucas leituras, sendo capazes de se apropriar desse conhecimento. É precisamente isso que faz, numa escala maior, o pensador científico. Só que ele precisa de muitos conhecimentos e, por isso, de muita leitura. Seu espírito é suficientemente forte para dominar tudo isso, assimilá-lo, incorporá-lo ao sistema de seus pensamentos, subordinando o que lê ao conjunto orgânico e coeso de sua compreensão abrangente, em contínuo desenvolvimento. Dessa maneira, seu próprio pensamento, como as notas mais graves tocadas num órgão, controla sempre todo o resto e nunca é suplantado por sons alheios como acontece, por outro lado, nas cabeças apenas enciclopédicas. Nestas, é como se fragmentos musicais em todos os tons se misturassem confusamente, tornando impossível ouvir o tom fundamental.

§6.

As pessoas que passam suas vidas lendo e tiram sua sabedoria dos livros são semelhantes àquelas que, a partir de muitas descrições de viagens, têm informações precisas a respeito de um país. Elas podem fornecer muitos detalhes sobre o lugar, mas no fundo não dispõem de nenhum conhecimento coerente, claro e profundo das características daquele país. Em compensação, os homens que dedicaram sua vida ao pensamento são como aqueles que estiveram em pessoa no país: só eles sabem propriamente do que falam, conhecem as coisas de lá em seu contexto e sentem-se em casa naquele lugar.

§7.

A relação existente entre um pensador de força própria e o típico filósofo livresco é semelhante à relação de uma testemunha direta com um historiador: o primeiro fala a partir de sua concepção própria e imediata das coisas. Por isso, no fundo, todos os que pensam por si mesmos estão de acordo, e sua diferença provém apenas da diversidade de pontos de vista; quando tais pontos não variam, todos eles dizem a mesma coisa. Com frequência, escrevi frases que hesitei em apresentar ao público, em função de seu caráter paradoxal, e depois as encontrei, para minha agradável surpresa, expressas literalmente nas obras antigas de grandes homens.

O filósofo livresco, por sua vez, relata o que este disse, o que aquele considerou, o que um terceiro objetou e assim por diante. Ele compara todas essas informações, põe na balança, critica e, assim, procura chegar à verdade por trás das coisas; com isso, se torna muito semelhante a um historiógrafo de visão crítica. Ele investigará, por exemplo, se em algum período Leibniz*, mesmo que por um momento, foi um espinosista, e outras coisas do gênero. Exemplos bastante claros do que digo aqui são oferecidos aos aficionados e curiosos pela *Elucidação analítica da moral e do direito natural*, de Herbart**, assim como por suas *Cartas sobre a liberdade*.

---

* Gottfried Wilhelm von Leibniz (1646-1716), filósofo e matemático alemão. (N.T.)

** Johann Friedrich Herbart (1776-1841), filósofo e pedagogo alemão. (N.T.)

São espantosos os grandes esforços feitos por alguém assim, porque parece que, se ele quisesse apreender as coisas de modo direto, chegaria logo à sua meta com o auxílio de um pouco de pensamento próprio. Só que há um pequeno contratempo nessa situação, uma vez que tal procedimento não depende da nossa vontade: é possível a qualquer momento sentar e ler, mas não sentar e pensar. Com os pensamentos ocorre a mesma coisa que se dá com as pessoas: não podemos chamá-las sempre, quando bem entendermos, de modo que só nos resta esperar por elas. O pensamento sobre determinado objeto precisa aparecer por si mesmo, por meio de um encontro feliz e harmonioso da ocasião exterior com a disposição e o estímulo internos, e é justamente esse encontro que nunca chegará a acontecer no caso daqueles filósofos livrescos. A explicação para esse fato se encontra até mesmo nos pensamentos que dizem respeito a nossos interesses pessoais. Quando, em certa ocasião, temos de tomar uma decisão, não podemos nos sentar por quanto tempo quisermos, refletir sobre os motivos e só então decidir, pois com frequência a nossa capacidade de reflexão não consegue se fixar no assunto justamente nesse momento, mas escapa para outras coisas. E muitas vezes a culpa é da nossa contrariedade na ocasião. Nesses casos, não devemos forçar nada, apenas aguardar que a disposição propícia também se apresente por si mesma. Isso acontecerá e se repetirá, muitas vezes, de modo imprevisível, e cada disposição diferente, em uma ocasião diferente, lança uma outra luz sobre o assunto. Esse avanço lento é o que se compreende pela expressão *amadurecer as resoluções*. Pois o esforço de pensamento precisa ser dividido, assim como algo que passou despercebido acaba despertando nossa atenção e mesmo a contrariedade desaparece, já que os assuntos apreendidos claramente diante dos nossos olhos costumam parecer muito mais suportáveis.

Da mesma maneira, no campo teórico também é preciso esperar pelo momento certo, e mesmo uma grande inteligência não é capaz de pensar por si mesma a todo momento. Por isso, faz bem em dedicar o tempo restante à leitura, que constitui, como já foi dito, um substituto para o pensamento próprio e alimenta o espírito com materiais, à medida que um outro pensa por nós, embora o faça sempre de um modo que não é o nosso. É justamente por isso que não se deve ler demais, para que o espírito não se acostume com a substituição e desaprenda a pensar, ou seja, para que ele não se acostume com trilhas já percorridas e para que o passo do pensamento alheio não provoque uma estranheza em relação a nosso próprio modo de andar. Mais do que tudo, deve-se evitar o perigo de perder completamente a visão do mundo real por causa da leitura, uma vez que o estímulo e a disposição para o pensamento próprio se encontram com muito mais frequência nessa visão do que na leitura. Pois o que é percebido, o que é real, em sua originalidade e força, constitui o objeto natural do espírito pensante e é capaz, com mais facilidade, de comovê-lo profundamente.

Após essas considerações, não nos espantará o fato de aquele que pensa por si mesmo e o filósofo livresco serem facilmente reconhecíveis já pela maneira como expõem suas ideias. O primeiro, pela marca da seriedade, do caráter direto e da originalidade, pela autenticidade de todos os seus pensamentos e expressões; o segundo, em comparação, pelo fato de que tudo nele é de segunda mão. Trata-se de conceitos emprestados, de toda uma tralha reunida, material gasto e surrado, como a reprodução de uma reprodução. E seu estilo, constituído por frases banais e palavras correntes da moda, é como um pequeno Estado cuja circulação monetária consiste apenas de moedas estrangeiras, porque não cunha a sua própria.

§8.

Assim como a leitura, a mera experiência não pode substituir o pensamento. A pura empiria está para o pensamento como o ato de comer está para a digestão e a assimilação. Quando a experiência se vangloria de que somente ela, por meio de suas descobertas, fez progredir o saber humano, é como se a boca quisesse se gabar por sustentar sozinha a existência do corpo.

§9.

As obras de todas as mentes realmente capazes se distinguem das restantes pelo caráter de *resolução* e *determinação*, do qual provém a clareza, porque tais pessoas sempre souberam de modo claro e determinado o que queriam expressar, seja em prosa, em versos ou em sons musicais. Essa resolução e clareza está ausente nos outros e por isso é possível reconhecê-los prontamente.

O sinal característico dos espíritos de primeiro nível é a espontaneidade de seus juízos. Tudo o que vem deles é resultado de seu pensamento mais próprio e se mostra como tal já na sua maneira de se expressar. Eles possuem, como os príncipes, um poder de atuação imediata no reino dos espíritos, enquanto os outros são todos mediatizados, o que pode ser notado em seu estilo, que não tem um cunho próprio. Assim, todo pensador autêntico se assemelha a um monarca: ele atua diretamente e não reconhece ninguém acima de si. Seus juízos, como as decisões de um monarca, são provenientes de seu poder supremo e não contêm qualquer mediação. Pois, assim como o monarca não aceita ordens, ele não aceita nenhuma autoridade, de modo que só é válido o que ele mesmo comprovou. Em contrapartida, as mentes vulgares, emaranhadas em todo tipo de opiniões válidas, autoridades e preconceitos, são como o povo que obedece calado às leis e às ordens.

§10.

Ansiosas e apressadas em resolver questões litigiosas remetendo a autoridades, as pessoas ficam realmente felizes quando podem recorrer não ao seu entendimento e à sua inteligência próprios, de que carecem, mas ao entendimento e à inteligência dos outros. Pois, como diz Sêneca: *unus quisque mavult credere, quam judicare* [qualquer um prefere crer do que julgar por si mesmo]*. Em suas controvérsias, as armas escolhidas em comum acordo são as autoridades, e é com elas que as pessoas se batem. Para quem entra numa disputa desse tipo, de nada serve querer resolvê-la com explicações e argumentos, pois contra essas armas eles são como Siegfried, submersos na enchente da incapacidade de pensar e julgar**. Por isso tais pessoas pretendem contrapor aos argumentos as suas autoridades como um *argumentum ad verecundiam* [argumento de prova], para em seguida soltarem gritos de vitória.

§11.

No reino da realidade, por mais bela, feliz e graciosa que ela possa ser, nós nos movemos sempre sob a influência da gravidade, força que precisamos superar incessantemente. Em compensação, no reino dos pensamentos, somos espíritos incorpóreos, sem gravidade e sem necessidade. Por isso não existe felicidade maior na Terra do que aquela que um espírito belo e produtivo encontra em si mesmo nos momentos felizes.

---

* A citação é tirada da obra *De Vita Beata* (I, 4), de Lúcio Aneu Sêneca (aproximadamente 4-65a.C.), filósofo estoico romano. (N.T.)

** *Siegfried* é um dos heróis da mitologia nórdica, na qual Richard Wagner (1813-1883) se baseou para compor e escrever seu famoso ciclo de óperas *O anel dos nibelungos*. A terceira ópera desse ciclo tem justamente o nome do personagem Siegfried. (N.T.)

§12.

A presença de um pensamento é como a presença de quem se ama. Achamos que nunca esqueceremos esse pensamento e que nunca seremos indiferentes à nossa amada. Só que longe dos olhos, longe do coração! O mais belo pensamento corre o perigo de ser irremediavelmente esquecido quando não é escrito, assim como a amada pode nos abandonar se não nos casamos com ela.

§13.

Há uma profusão de pensamentos que têm valor para aquele que os pensa, mas apenas alguns poucos entre eles possuem a força para atuar por meio da repercussão ou da reflexão, ou seja, para conquistar o interesse do leitor depois de escritos.

§14.

De qualquer forma, na verdade, só tem valor o que uma pessoa pensou, a princípio, apenas para si mesma. Aliás, é possível dividir os pensadores entre aqueles que pensam a princípio para si mesmos e aqueles que pensam de imediato para os outros. Os primeiros são pensadores autênticos, são os que pensam por si mesmos, são eles mais propriamente os filósofos. Pois apenas eles tratam dos assuntos com seriedade. O prazer e a felicidade de sua existência consistem exatamente em pensar. Os outros são os sofistas: eles querem criar uma aparência e procuram sua felicidade naquilo que esperam receber dos outros. É somente isso que eles levam a sério. A qual das duas classes um homem pertence é algo que se pode perceber sem demora em decorrência de seu modo de ser. Lichtenberg é um modelo do primeiro tipo, já Herder pertence ao segundo*.

§15.

Quando consideramos como é vasto e próximo de nós o problema da existência, essa existência ambígua, perturbada, fugidia, semelhante a um sonho – um problema tão grande e tão próximo, que encobre e sobrepõe todos os outros problemas e finalidades logo que tomamos consciência dele – e quando consideramos que todos os homens, com exceção de alguns poucos, não são claramente conscientes desse problema, nem parecem perceber sua existência, mas se preocupam antes com qualquer outro assunto e vivem apenas no dia de hoje sem levar em conta a duração não muito longa de seu futuro pessoal, seja renegando expressamente aquele problema, ou contentando-se em relação a ele com algum sistema da metafísica popular; digo, quando consideramos tudo isso, podemos chegar à conclusão de que o homem só pode ser chamado de ser pensante num sentido muito amplo. Nesse caso, não nos surpreenderá nenhum gesto de irreflexão ou tolice, pois saberemos que o horizonte intelectual do

---

* Trata-se de Johann Gottfried Herder (1744-1803), um dos precursores da filosofia da história e um dos principais teóricos do pré-Romantismo alemão, e de Georg Christoph Lichtenberg (1742-1799), físico, astrônomo e escritor alemão. (N.T.)

homem normal pode até ultrapassar o do animal – cuja existência, sem nenhuma consciência do futuro e do passado, é inteiramente presente –, mas não está tão distante deste quanto se supõe.

Isso explica porque os pensamentos da maioria dos homens, quando conversam, parecem cortados tão rentes quanto um gramado, de modo que não é possível encontrar nenhum fio mais longo.

Se esse mundo fosse habitado por verdadeiros seres pensantes, seria impossível haver essa tolerância ilimitada em relação aos ruídos de toda espécie, inclusive os mais horríveis e despropositados. De fato, se a natureza tivesse destinado o homem a pensar, ela não lhe daria ouvidos, ou pelo menos os proveria de tampões herméticos, como é o caso dos morcegos, que invejo por isso. Mas, na verdade, o homem é um pobre animal assim como os outros, cujas forças são apenas suficientes para conservar sua existência. Por isso precisa de ouvidos sempre abertos que lhe anunciem a aproximação do perseguidor seja de noite ou de dia.

Sobre a escrita e o estilo

§1.

Antes de tudo, há dois tipos de escritores: aqueles que escrevem em função do assunto e os que escrevem por escrever. Os primeiros tiveram pensamentos, ou fizeram experiências, que lhes parecem dignos de ser comunicados; os outros precisam de dinheiro e por isso escrevem, só por dinheiro. Pensam para exercer sua atividade de escritores. É possível reconhecê-los tanto por sua tendência de dar a maior extensão possível a seus pensamentos e de apresentar meias-verdades, pensamentos enviesados, forçados e vacilantes, como por sua preferência pelo claro-escuro, a fim de parecerem ser o que não são. É por isso que sua escrita não tem precisão nem clareza. Desse modo, pode-se notar logo que eles escrevem para encher o papel, e mesmo entre os nossos melhores escritores é possível encontrar exemplos, como é o caso de algumas passagens da *Dramaturgia* de Lessing e mesmo de alguns romances de Jean Paul*. Assim que alguém percebe isso, deve

---

* Trata-se do poeta e romancista alemão Jean Paul, pseudônimo de Johann Paul Richter (1763-1825), e da *Dramaturgia de Hamburgo*, obra do crítico e dramaturgo alemão Gotthold Ephraim Lessing (1729-1781). (N.T.)

jogar fora o livro, pois o tempo é precioso. No fundo, o autor engana o leitor sempre que escreve para encher o papel, uma vez que seu pretexto para escrever é ter algo a comunicar.

Os honorários e a proibição da impressão são, na verdade, a perdição da literatura. Só produz o que é digno de ser escrito quem escreve unicamente em função do assunto tratado. Seria uma vantagem inestimável se, em todas as áreas da literatura, existissem apenas alguns poucos livros, mas obras excelentes. Só que nunca se chegará a tal ponto enquanto houver honorários a serem recebidos. Pois é como se uma maldição pesasse sobre o dinheiro: todo autor se torna um escritor ruim assim que escreve qualquer coisa em função do lucro. As melhores obras dos grandes homens são todas provenientes da época em que eles tinham de escrever ou sem ganhar nada, ou por honorários muito reduzidos. Nesse caso, confirma-se o provérbio espanhol: *honra y provecho no caben en un saco* [honra e proveito não cabem no mesmo saco].

A condição deplorável da literatura atual, dentro e fora da Alemanha, tem sua raiz no fato de os livros serem escritos para se ganhar dinheiro. Qualquer um que precise de dinheiro senta-se à escrivaninha e escreve um livro, e o público é tolo o bastante para comprá-lo. A consequência secundária disso é a deterioração da língua.

Uma grande quantidade de escritores ruins vive exclusivamente da obsessão do público de não ler nada além do que foi impresso hoje e escrito por jornalistas.

Um nome muito preciso! Traduzindo o termo original, eles se chamariam "diaristas".*

§2.

Também se pode dizer que há três tipos de autores: em primeiro lugar, aqueles que escrevem sem pensar. Escrevem a partir da memória, de reminiscências, ou diretamente a partir de livros alheios. Essa classe é a mais numerosa. Em segundo lugar, há os que pensam enquanto escrevem. Eles pensam justamente para escrever. São bastante numerosos. Em terceiro lugar, há os que pensaram antes de se pôr a escrever. Escrevem apenas porque pensaram. São raros.

Aquele escritor do segundo tipo, que adia o pensamento até a hora de escrever, é comparável ao caçador que busca ao acaso sua presa: dificilmente ele trará muita coisa para casa. Em compensação, a escrita dos autores do terceiro tipo, o mais raro, é como uma batida de caça em que a presa foi previamente cercada e encurralada, para depois ser conduzida a um outro lugar igualmente cercado, onde não pode escapar ao caçador, de modo que agora se trata apenas

---

* O que caracteriza os *grandes* escritores (no nível mais elevado), assim como os artistas, e que é comum a todos eles é o fato de que *levam a sério seu assunto*, enquanto os restantes não levam nada mais a sério além de suas vantagens e ganhos. Quando alguém fica famoso em virtude de um livro escrito por vocação e por um impulso íntimo, mas em seguida se torna prolixo, então *vendeu sua glória pelo vil dinheiro*. Assim que se escreve para ganhar algo, o resultado é ruim. Só neste século passou a haver escritores por *profissão*. Até então havia apenas escritores por *vocação*. (N.A.)

de apontar e atirar (expor). Esse é o tipo de caça que dá resultado.

No entanto, mesmo entre os escritores pouco numerosos que realmente pensam a sério antes de escrever, é extremamente reduzida a quantidade daqueles que pensam sobre as *próprias coisas*, enquanto os demais pensam apenas sobre *livros*, sobre o que outros disseram. Ou seja, para pensar, eles precisam de um forte estímulo de pensamentos alheios já disponíveis. Esses pensamentos se tornam seu próximo tema, de modo que os autores permanecem sempre sob a influência dos outros, sem nunca alcançarem realmente a originalidade. Em contrapartida, aqueles que são estimulados *pelas próprias coisas* têm seu pensamento voltado para elas de modo direto. Apenas entre eles encontram-se os que permanecerão e serão imortalizados. – Evidentemente, trata-se aqui de assuntos elevados, não de escritores que falam sobre a destilação de aguardentes.

Apenas aqueles que, ao escrever, tiram a matéria diretamente de suas cabeças são dignos de serem lidos. Mas os fazedores de livros, os escritores de compêndios, os historiadores triviais, entre outros, tiram sua matéria diretamente dos livros. É dos livros que ela é transferida para os dedos, sem ter passado por qualquer inspeção na cabeça, sem ter pagado imposto alfandegário, nem muito menos ter sofrido algum tipo de elaboração. (Como seriam eruditos alguns autores se soubessem tudo o que está em seus próprios livros!) Por isso, seu texto costuma ter um sentido tão indeterminado que os leitores quebram em vão a cabeça na tentativa de descobrir *o que* eles pensam afinal. Eles simplesmente não pensam. O livro a partir do qual escrevem muitas vezes foi resultado do mesmo processo. Portanto, esse tipo de literatura é como a reprodução feita a partir de moldes de gesso, feitos a partir de cópias, e assim por diante, de modo que no final do processo o *Antínoo* se torna o contorno quase irreconhecível de um rosto*. É por isso que se deve ler só raramente algum dos compiladores, já que evitá-los por completo é muito difícil. Mesmo os compêndios que encerram num pequeno espaço o saber acumulado no decorrer de vários séculos fazem parte das compilações.

Não há nenhum erro maior do que o de acreditar que a última palavra dita é sempre a mais correta, que algo escrito mais recentemente constitui um aprimoramento do que foi escrito antes, que toda mudança é um progresso. As cabeças pensantes, os homens que avaliam corretamente as coisas são apenas exceções, assim como as pessoas que levam os assuntos a sério. A regra, em toda parte do mundo, é a corja de pessoas infames que estão sempre dispostas, com todo empenho, a piorar o que foi dito por alguém após o amadurecimento de uma reflexão, dando a essa piora um aspecto de melhora. Por isso, quem quer se instruir a respeito de um tema deve se resguardar de pegar logo os livros mais novos a respeito, na pressuposição de que as ciências estão em progresso contínuo e de que, na elaboração desse livro, foram usadas as obras anteriores.

---

* Refere-se à estátua romana que representa o jovem Antínoo, favorito do imperador Adriano. (N.T.)

De fato elas foram, mas como? Com frequência, o escritor não entende a fundo os livros anteriores, além do mais não quer usar exatamente as mesmas palavras, de modo que desfigura e adultera o que estava dito neles de modo muito mais claro e apropriado, uma vez que foram escritos a partir de um conhecimento próprio e vívido do assunto. Muitas vezes, esse escritor deixa de lado o melhor do que tais obras revelaram, seus mais precisos esclarecimentos a respeito do assunto, suas mais felizes observações, porque não reconhece o valor dessas coisas, não sente sua relevância. Só tem afinidade com o que é superficial e insípido.

Já ocorreu muitas vezes de um livro anterior excelente ser substituído por novos, piores, escritos apenas para ganhar dinheiro, mas que surgem com aspirações pretensiosas e são louvados pelos camaradas dos autores. Nas ciências, cada um quer trazer algo novo para o mercado, com o intuito de demonstrar seu valor; com frequência, o que é trazido se resume a um ataque contra o que valia até então como certo, para pôr no lugar afirmações vazias. Às vezes, essa substituição tem êxito por um breve período, em seguida todos voltam às teorias anteriores. Os inovadores não levam nada a sério no mundo, a não ser sua preciosa pessoa, cujo valor querem provar. Só que isso deve acontecer depressa e de uma maneira paradoxal: a esterilidade de suas cabeças lhes aconselha o caminho da negação, e então verdades reconhecidas há muito tempo são negadas, como por exemplo a força vital, o sistema nervoso simpático, a *generatio aequivoca*, a distinção de Bichat entre o efeito das paixões e os da inteligência*. Propõe-se a volta a um crasso atomismo e coisas do gênero. Assim, o *curso da ciência* muitas vezes é um *retrocesso*.

O mesmo vale para os tradutores que pretendem, ao mesmo tempo, corrigir e reelaborar seus autores, o que sempre me parece uma impertinência. Escreva seus próprios livros dignos de serem traduzidos e deixe outras obras como elas são.

Sempre que possível, é melhor ler os verdadeiros autores, os fundadores e descobridores das coisas, ou pelo menos os grandes e reconhecidos mestres da área. E é melhor comprar *livros* de segunda mão do que ler conteúdos de segunda mão. Mas, como *inventis aliquid addere facile est* [é fácil acrescentar algo ao que já foi inventado], é preciso conhecer também os novos acréscimos, depois que as bases estão bem estabelecidas. Assim, em geral vale aqui, como em toda parte, a regra: o novo raramente é bom, porque o que é bom só é novo por pouco tempo.**

O que o endereço do destinatário é para uma carta, o *título* deve ser para um livro, ou seja, o principal objetivo é encaminhá-lo à parcela do público para a qual

---

* Marie François Xavier Bichat (1771-1802), anatomista francês que foi pioneiro no estudo dos órgãos. (N.T.)

** Para assegurar a atenção e o interesse permanentes do público, é preciso escrever algo que tenha valor permanente, ou então escrever sempre algo novo, que justamente por isso acabará sendo cada vez pior. *Se eu quiser apenas me manter à tona, / Preciso escrever um livro a cada feira.* [*Will ich nur halbweg oben bleiben,/ So muss ich jede Messe schreiben.*] Tieck [Tieck (1773-1853), poeta alemão ligado ao movimento romântico]. (N.A.)

seu conteúdo possa ser interessante. Por isso, o título deve ser significativo e, como é constitutivamente curto, deve ser conciso, lacônico, expressivo, se possível um monograma do conteúdo. São ruins, por conseguinte, os títulos prolixos, os que não dizem nada, os que erram o alvo, os ambíguos, ou então os falsos e enganosos, que acabam dando a seu livro o mesmo destino das cartas com o endereço de destinatário errado. Entretanto, os piores são os títulos roubados, isto é, aqueles que já pertencem a um outro livro, pois se trata não só de um plágio, como também da comprovação ostensiva da mais completa falta de originalidade. Quem não é suficientemente original para dar a seu livro um título novo será ainda menos capaz de provê-lo de um novo conteúdo. Um caso semelhante é o dos títulos imitados, ou seja, em parte roubados, como por exemplo quando, bem depois de eu ter escrito "Sobre a vontade na natureza", Oersted escreve "Sobre o espírito na natureza"*.

O fato de haver pouca honradez entre os escritores é evidenciado pela falta de escrúpulos com que eles falsificam suas referências a outros escritos. Encontro passagens de meus escritos geralmente citadas de modo falso, e apenas meus discípulos declarados constituem uma exceção. Com frequência, a falsificação ocorre por negligência, uma vez que as expressões banais e os modos de dizer triviais ficam já impregnados nas penas dos maus escritores, e eles os escrevem por hábito. Às

---

* Trata-se de Hans Christian Oersted (1777-1851), físico e filósofo dinamarquês. (N.T.)

vezes, a falsificação ocorre também por presunção, porque querem melhorar o que escrevi. Mas é muito comum que ocorra por má-fé, e nesse caso trata-se de uma baixeza vergonhosa e de uma perfídia como a falsificação de dinheiro, algo que elimina para sempre do caráter de seu realizador a honestidade.

§3.

Um livro nunca pode ser mais do que a impressão dos pensamentos do autor. O valor desses pensamentos se encontra ou na *matéria*, portanto naquilo *sobre o que* ele pensou, ou na *forma*, isto é, na elaboração da matéria, portanto naquilo *que* ele pensou sobre aquela matéria.

O tema sobre o qual se pensa é bastante diversificado, assim como o mérito que ele concede aos livros. Toda a matéria empírica, portanto tudo o que é histórico, ou físico, todos os fatos, tomados por si mesmos ou num sentido mais amplo, estão incluídos nesse caso. A particularidade de tais livros diz respeito ao *objeto*, por isso um livro pode ser importante seja quem for o autor.

Quanto ao que é pensado, em contrapartida, a particularidade diz respeito ao *sujeito*. Os objetos podem ser conhecidos e acessíveis a todos os homens, mas a forma de concebê-los, o *que* é pensado confere aqui o valor e diz respeito ao sujeito. Por isso, se um livro desse tipo é excelente e sem igual, o mesmo vale para seu autor. A consequência é que o mérito de um escritor digno de ser lido cresce quando ele deve menos à matéria e, com isso, quanto mais conhecido e usual for o seu assunto. Assim, por exemplo, os três grandes tragediógrafos gregos desenvolveram os mesmos temas*.

Portanto, quando um livro é célebre, é preciso distinguir se isso se deve à matéria ou à forma.

Pessoas comuns e superficiais podem nos oferecer, graças à *matéria*, livros muito importantes, uma vez que o tema só era acessível a elas. É o caso, por exemplo, das descrições de países distantes, de fenômenos naturais raros, de experimentos realizados por elas, de histórias das quais foram testemunhas ou cujas fontes tiveram tempo e dedicação para investigar e estudar.

Em contrapartida, quando o importante é a *forma*, já que a matéria é acessível a todos, ou já conhecida, portanto quando apenas o *que* é pensado pode dar valor ao esforço de pensar sobre esse tema, só uma mente de destaque é capaz de nos oferecer algo digno de ser lido. Pois os demais escritores pensam apenas o que qualquer outra pessoa pode pensar. Eles nos oferecem a impressão de seu espírito, mas qualquer um já possui o original dessa impressão.

No entanto, o público dirige sua atenção muito mais para a matéria do que para a forma, e justamente por isso permanece atrasado em sua formação mais elevada. Essa tendência se revela da maneira mais ridícula nas obras poéticas, quando a atenção se volta

---

* Refere-se a Ésquilo, Sófocles e Eurípides. (N.T.)

com todo cuidado para os acontecimentos reais ou para as circunstâncias pessoais que deram ensejo à criação poética. De fato, tais aspectos acabam se tornando mais interessantes para o público do que as próprias obras, de modo que as pessoas leem mais obras *sobre* Goethe do que obras *de* Goethe, preferem estudar a lenda do Fausto em vez de estudar o *Fausto*. Bürger já disse: "Eles realizarão investigações eruditas para descobrir quem Lenore realmente foi"*, e essa previsão se cumpriu literalmente no caso de Goethe, já que temos várias investigações eruditas sobre o Fausto e a lenda do Fausto. Trata-se de investigações que dizem respeito à matéria. Essa preferência pela matéria, contraposta à forma, corresponde à atitude de um observador que negligencia a forma e a pintura de um belo vaso etrusco para investigar quimicamente o material e as cores.

A busca de repercussão por meio da *matéria*, cedendo a essa tendência desfavorável, torna-se absolutamente censurável nas áreas em que o mérito deve se basear expressamente na *forma*, como é o caso das obras poéticas. Entretanto, é comum ver maus escritores dramáticos tentarem encher o teatro em virtude do tema tratado. Por exemplo, eles trazem para o palco qualquer personagem famoso, mesmo que sua vida seja destituída de eventos dramáticos, e muitas vezes sem esperar sequer que as pessoas representadas tenham morrido.

---

* *Lenore* é a personagem-título de um poema de Gottfried August Bürger (1747-1794), escritor alemão. (N.T.)

A diferença em questão, entre a matéria e a forma, mantém sua validade mesmo no que diz respeito à conversação. O que torna um homem capaz de conversar bem é a compreensão, o critério, o humor e a vivacidade que dão à conversação sua *forma*. Mas, logo em seguida, entra em consideração a *matéria* da conversa, portanto aquilo sobre o que se pode falar com determinada pessoa, seus conhecimentos. Caso eles sejam restritos, apenas um grau extraordinariamente alto das qualidades formais mencionadas pode dar valor à sua conversa, já que a conversação se dirige, no que diz respeito ao tema, às circunstâncias naturais e humanas conhecidas por todos. Acontece o contrário quando uma pessoa não tem essas qualidades formais, porém seus conhecimentos sobre um determinado tema dão à sua conversação um valor que se baseia exclusivamente na matéria, o que está em consonância com o ditado espanhol: *mas sabe el necio en su casa, que el sabio en la agena* [mais sábio o ignorante em sua casa do que o sábio na casa alheia].

§4.

A vida autêntica de um pensamento dura até que ele chegue ao ponto em que faz fronteira com as palavras: ali se petrifica, e a partir de então está morto, entretanto é indestrutível, da mesma maneira que os animais e plantas petrificados da pré-história. Também se pode comparar sua autêntica vida momentânea à do cristal no instante de sua cristalização.

Assim, logo que nosso pensamento encontrou palavras, ele já deixa de ser algo íntimo, algo sério no nível mais profundo. Quando ele começa a existir para os outros, para de viver em nós, da mesma maneira que o filho se separa da mãe quando passa a ter sua existência própria. Como diz o poeta:

> Não me venham confundir com contradições!
> Logo que falamos, começamos a errar*.

§5.

A pena está para o pensamento como a bengala está para o andar. Da mesma maneira que se caminha com mais leveza sem bengala, o pensamento mais pleno se dá sem a pena. Apenas quando uma pessoa começa a ficar velha ela gosta de usar bengala e pena.

§6.

Uma *hipótese* leva, na cabeça em que se estabeleceu ou mesmo na cabeça em que nasceu, uma vida comparável à de um organismo, já que assimila do mundo exterior apenas o que lhe é proveitoso e homogêneo. Quanto ao que é heterogêneo e prejudicial, ou ela não deixa que chegue perto, ou então, quando se trata de algo que é inevitável assimilar, expele-o novamente, intacto.

---

* No original: *Ihr müsst mich nicht durch Widerspruch verwirren! / Sobald man spricht, beginnt man schon zu irren*. Trata-se de uma citação do poema de Goethe *Spruch, Widerspruch* [*Dito, contradição*]. (N.T.)

§7.

A *sátira* deve, assim como a álgebra, operar apenas com valores abstratos e indeterminados, não com valores concretos ou grandezas definidas. No caso de homens vivos ela deve ser evitada, tanto quanto os exercícios de anatomia; sob pena de arriscar a pele e a vida deles.

§8.

Para ser *imortal*, uma obra precisa ter tantas qualidades, que não é fácil encontrar alguém capaz de compreender e valorizar *todas*; entretanto, uma qualidade é reconhecida e valorizada por determinada pessoa, outra qualidade, por outra pessoa. Assim, no decorrer do longo curso dos séculos, em meio a interesses que variam continuamente, obtém-se afinal a cotação da obra, à medida que ela é apreciada ora num sentido, ora em outro, sem nunca se esgotar por completo.

O criador de uma dessas obras imortais, ou seja, aquele que pretende continuar vivendo na posteridade, não pode ser uma pessoa que procura seus iguais apenas entre os contemporâneos, na vastidão da Terra, e que se destaca de todas as outras pessoas de modo notável. Tem de ser alguém que, mesmo se atravessasse várias gerações, como o judeu eterno, encontrar-se-ia na mesma situação; em resumo, alguém a quem se pudesse aplicar realmente o dito de Ariosto: *lo fece natura, e poi ruppe lo stampo* [a natureza o fez, depois perdeu o molde]*. De outro modo não se compreenderia por que seus pensamentos não devem perecer como a grande maioria dos outros.

§9.

Em quase todos os tempos, tanto na arte quanto na literatura, entra em voga e é admirada alguma noção fundamental falsa, ou um modo falso de se expressar, ou um maneirismo qualquer. As cabeças triviais se esforçam ardentemente para se apropriar de tal noção e exercitar tal modo. O homem inteligente reconhece e despreza essas coisas, permanecendo fora de moda. Contudo, após alguns anos, o público o segue e reconhece a farsa como o que ela era, ridicularizando a moda, e dessa maneira cai por terra a maquiagem, antes admirada, de todas aquelas obras amaneiradas, como um reboco malfeito cai de uma parede com ele revestida. As obras passam a ficar expostas da mesma maneira que esse muro. Assim, as pessoas não devem se irritar, mas se alegrar quando uma noção fundamental falsa, que durante muito tempo operou em silêncio, é exposta de modo claro, em voz alta. Pois só então sua falsidade será logo sentida, reconhecida e, finalmente, proclamada. É como um abscesso que se rompe.

---

* A citação é do *Orlando Furioso*, X, 84, do poeta italiano Ludovico Ariosto (1474-1533). (N.T.)

§10.

As *revistas literárias* deveriam ser o dique contra a crescente enxurrada de livros ruins e inúteis e contra o inescrupuloso desperdício de tinta de nosso tempo. Com juízo incorruptível, justo e rigoroso, elas deveriam fustigar sem pudor toda a obra malfeita de um intruso, toda a subliteratura por meio da qual uma cabeça vazia quer socorrer o bolso vazio, ou seja, aproximadamente nove décimos de todos os livros. Assim, cumprindo sua obrigação, tais revistas trabalhariam contra a comichão de escrever e contra o ardil dos maus escritores, em vez de fomentar essas coisas por meio de sua infame tolerância em conluio com autores e editores, a fim de roubar o tempo e o dinheiro do público. Em regra, os escritores são professores ou literatos que, em função de seus baixos vencimentos e péssimos honorários, escrevem por necessidade financeira. Como seu objetivo é o mesmo, possuem um interesse comum, mantêm-se unidos, apoiam-se mutuamente, e cada um dá muita atenção ao outro; é assim que surgem todas as resenhas elogiosas sobre livros ruins das quais são compostas as revistas literárias, cujo lema deveria ser: "Viva e deixe viver!". (E o público é tão simplório que prefere ler o novo a ler o que é bom.) Há ou houve entre aqueles escritores, por exemplo, sequer *um* que possa se vangloriar por nunca ter elogiado um escrito indigno? Um que nunca tenha criticado e diminuído obras excelentes, ou as tratado astuciosamente como se fossem insignificantes para desviar a atenção delas? *Um* que tenha feito a seleção das obras a serem indicadas levando em conta sempre a importância dos livros e não as recomendações de compadres, os coleguismos ou mesmo as propinas de editores? Por acaso qualquer um, com exceção de um novato no ramo, não procura quase mecanicamente, ao ver que um livro foi muito elogiado ou criticado, o nome da editora? Normalmente as resenhas são feitas no interesse dos editores e não no interesse do público. Se houvesse uma revista literária em conformidade com as exigências expostas anteriormente, cada escritor ruim, cada compilador sem ideias, cada plagiador de livros alheios, cada filosofastro vazio, incapaz, ávido por posições, cada poetastro vaidoso, cheio de si, tendo em vista a vergonha pública a que sua obra estaria infalivelmente exposta, teria seus dedos paralisados, o que seria a verdadeira salvação da literatura, já que nela o ruim não é apenas inútil, mas positivamente prejudicial. Só que a grande maioria dos livros é ruim e não deveria ter sido escrita; consequentemente, o elogio deveria ser tão raro quanto é atualmente a crítica, sob a influência de considerações pessoais e da máxima: *accedas socius, laudes lauderis ut absens* [Entra, companheiro, e elogia para ser elogiado quando ausente]*.

É sempre um erro querer transferir para a literatura a tolerância que, na sociedade, é preciso ter com as pessoas estúpidas e descerebradas que se encontram por todo lado. Pois, na literatura, eles não passam de invasores desavergonhados, e desmerecer o que é ruim

---

* Citação de Horácio, ou *Quintus Horatius Flaccus* (65-8 a.C.), poeta e filósofo latino. *Sátiras*, II, 5, 72. (N.T.)

constitui uma obrigação em face do que é bom. Se nada parece ruim a alguém, também nada lhe parece bom. Em geral, a *cordialidade* proveniente da sociedade é um elemento estranho na literatura, com frequência um elemento danoso, porque exige que se chame o ruim de bom, contrariando diretamente tanto os objetivos da ciência quanto os da arte. É claro que uma revista literária do tipo que defendo só poderia ser escrita por pessoas em que uma probidade incorruptível estivesse unida, por um lado, a um nível raro de conhecimento e, por outro, a uma capacidade de julgar ainda mais rara. Assim, a Alemanha toda mal poderia produzir, no máximo, *uma* revista literária desse tipo, que todavia passaria a constituir um tribunal justo. Seria necessário que cada membro fosse escolhido pelo conjunto dos outros, ao contrário do que acontece nas revistas literárias de corporações universitárias ou congregações de literatos, associações que, em segredo, talvez sejam compostas também por comerciantes de livros com a intenção de tirar proveito para seus negócios. Em geral, trata-se de uma coalizão de péssimas cabeças reunidas com a intenção de não dar espaço ao que é bom. Em nenhuma outra área há tanta improbidade como na literatura: isso já dizia Goethe, como relatei com mais detalhes em "Sobre a vontade na natureza", pág. 22 [2ª edição, pág. 17].

Acima de tudo, deveria ser eliminado este escudo de toda patifaria literária, o anonimato. Nas revistas literárias, ele foi introduzido com o pretexto de proteger os honrados críticos, os vigias do público, contra o rancor dos autores e de seus protetores. Só que, a cada vez que se apresenta *um* caso desse tipo, haverá centenas de outros em que o anonimato serve apenas para tirar toda a responsabilidade daquele que não pode defender o que afirma, ou até mesmo para ocultar a vergonha de uma pessoa que é suficientemente corrupta e indigna a ponto de recomendar ao público, em troca de uma gorjeta do editor, um livro ruim. Muitas vezes, também, o anonimato serve apenas para camuflar a obscuridade, a insignificância e a incompetência do crítico. É incrível o descaramento de certos tipos, que não recuam diante de pilhérias literárias quando sabem que estão em segurança nas sombras do anonimato.

Assim como há remédios universais, o que vem em seguida é uma anticrítica universal contra todas as resenhas anônimas, tenham elas louvado o que é ruim ou criticado o que é bom: "Velhaco, diga seu nome! Pois atacar, encapuzado e disfarçado, as pessoas que passeiam mostrando seus rostos não é algo que um homem honrado faça: só os patifes e os canalhas agem assim. Portanto: velhaco, *diga seu nome!*". *Probatum est* [Está provado].

Rousseau já disse, no prefácio para a *A nova Heloísa: tout honnête homme doit avouer les livres qu'il publie.** Isso significa: "Todo homem honesto deve assinar os livros que publica", e proposições afirmativas gerais podem ser invertidas por contraposição. A afirmação vale mais ainda para escritos polêmicos,

---

* *A nova Heloísa* é um romance do filósofo e escritor francês Jean-Jacques Rousseau (1712-1778). (N.T)

como é o caso da maioria das resenhas! Assim, Riemer tem toda razão quando, em sua "Comunicação sobre Goethe", p. XXIX do prefácio, diz: "Um adversário que mostra sua cara abertamente é uma pessoa honrada, moderada, com a qual é possível se entender, chegar a um acordo, a uma reconciliação; em compensação, um adversário escondido é *um patife covarde e infame*, que não tem a coragem de assumir seus julgamentos, portanto alguém que não defende sua opinião, mas se interessa apenas pelo prazer secreto que sente em descarregar sua ira sem ser reconhecido nem sofrer retaliações". Essa também era a opinião de Goethe, pois normalmente ela se expressa no que diz Riemer*. Mas, em geral, a regra de Rousseau é válida para cada linha que é impressa. Afinal, seria tolerável se um homem mascarado provocasse o povo, ou quisesse discursar diante de uma multidão reunida? E se ele ainda por cima atacasse outros homens e os cobrisse de censuras! Será que seus passos em direção à porta não seriam apressados pelos pontapés dos demais?

A liberdade de imprensa que foi finalmente alcançada na Alemanha, para em seguida sofrer o abuso mais indigno, deveria pelo menos ser condicionada por uma proibição de todo e qualquer anonimato e do uso de pseudônimos. Desse modo, cada um que declara algo publicamente, por meio do porta-voz de longo alcance que é a imprensa, seria responsabilizado ao menos com

---

* Trata-se de Friedrich Wilhelm Riemer (1774-1845), filólogo e bibliotecário alemão que foi secretário de Goethe e preceptor de seu filho. (N.T.)

sua honra, caso ainda possuísse alguma; se não possuísse, seu nome neutralizaria o seu discurso. Usar o anonimato para atacar pessoas que não escreveram anonimamente é evidentemente desonroso. Um crítico anônimo é um sujeito que *não quer assumir* o que diz ou o que deixa de dizer ao mundo acerca dos outros e de seus trabalhos, por isso não assina. E uma coisa dessas é tolerada? Não há mentira que seja tão insolente a ponto de impedir um crítico anônimo de usá-la: de fato, ele não é responsável. Todas as resenhas anônimas são suspeitas de mentira e falsidade. Por isso, assim como a polícia não permite que as pessoas andem pelas ruas mascaradas, não deveria ser admitido que elas escrevessem anonimamente. As revistas literárias que usam o anonimato são propriamente o lugar onde, sem punição alguma, a ignorância possui seu tribunal para julgar a erudição, e a burrice, para julgar a inteligência, o lugar onde o público, enganado impunemente, tem seu dinheiro e seu tempo roubados por meio do elogio aos maus escritores. Nesse caso, o anonimato não é a fortaleza segura de toda patifaria literária e publicista? Portanto, ele teria de ser destruído por completo, isto é, de tal maneira que todo artigo de jornal fosse acompanhado pelo nome de seu autor, sob a responsabilidade rigorosa do editor quanto à autenticidade da assinatura. Assim, já que mesmo uma pessoa insignificante é conhecida no lugar onde mora, dois terços das mentiras divulgadas seriam eliminados, e a insolência de muitas línguas venenosas seria refreada. Na França esse procedimento começa a ser empregado justamente agora.

Mas, na literatura, enquanto não existir essa proibição, todos os escritores dignos deveriam unir-se para proscrever o anonimato com o estigma de um desprezo público, incansável e diariamente expresso, demonstrando de todas as maneiras a noção de que escrever críticas anonimamente é uma indignidade e uma desonra. Quem escreve e quem cria polêmicas no anonimato dirige a si mesmo *eo ipso* [por isso mesmo] a suspeita de querer enganar o público, ou então macular a honra de outros e sair ileso. Por isso, a cada vez que se faz referência a um crítico anônimo, mesmo que seja de passagem e sem reprovações, deveriam ser empregados epítetos como: "O canalha covarde e anônimo diz" ou "O patife anônimo disfarçado diz naquele jornal", entre outros. Esse é, de fato, o tom razoável e apropriado para falar de tais camaradas, a fim de que o ofício que exercem seja execrado. Pois é evidente que alguém só pode aspirar a qualquer consideração pessoal quando deixa que vejam quem ele é, de modo que todos saibam quem é a pessoa que se encontra à sua frente; mas não quem espreita por aí capeado e disfarçado, tornando-se com isso um inútil; uma pessoa assim é *ipso facto* [por esse próprio fato] um fora da lei. Ele é ʼΟδυσσευς Οʼύτις,* Nobody (Sr. Ninguém), e qualquer um tem a liberdade de explicar que o Mr. Nobody é um patife. Por isso, especialmente nas respostas às críticas, os críticos anônimos devem ser tratados com termos como

---

* Schopenhauer se refere à passagem da *Odisseia* de Homero (Canto IX, 366) em que Odisseu, para enganar o Ciclope e evitar ser devorado, diz chamar-se "Ninguém". (N.T.)

"patife" e "canalha", em vez de se recorrer, como fazem por covardia alguns autores contaminados pela corja, a tratamentos como "o prezado Senhor Crítico". "Um canalha que não diz seu nome!", esse tem de ser o veredicto de todos os escritores honrados. E quando alguém conseguir o mérito de arrancar o capuz de um desses camaradas, depois de ele ter sido posto na berlinda, e arrastá-lo pelas orelhas na frente de todos, tal criatura notívaga despertará grande júbilo à luz do dia. A cada calúnia que alguém ouve, a primeira reação indignada se manifesta, em geral, pela pergunta "Quem disse isso?". – Mas o anonimato fica devendo a resposta.

Uma impertinência especialmente ridícula da parte de tais críticos anônimos é o fato de eles, como os reis, falarem usando "nós", quando deveriam usar não só o singular, mas até o diminutivo, ou mesmo o humilhativo, por exemplo: "Minha lamentável pequenez, minha covarde embustice, minha incompetência disfarçada, minha limitada velhacaria" etc. É assim que convém aos trapaceiros disfarçados falar, esses cobrelos que sibilam do buraco escuro de um "periódico literário" e cujo ofício precisa ser suprimido. O anonimato é, na literatura, o que a trapaça é na sociedade burguesa. "Diga seu nome, canalha, ou cale-se!" deve ser a divisa. – Até que isso ocorra, devemos classificar imediatamente, ao encontrarmos críticas sem assinatura: trapaceiro.

Esse negócio escuso pode render dinheiro, mas não rende honra alguma. Pois, ao atacar os outros, o

Senhor Anônimo se torna sem muito mais um Senhor Patife, e pode-se apostar cem contra um que uma pessoa que não quer dizer seu nome tem a intenção de enganar o público.* Só se tem o direito de criticar anonimamente quando se trata de livros anônimos. Em geral, com a supressão do anonimato, noventa e nove por cento de toda patifaria literária seriam suprimidos também. Até que esse negócio escuso seja proscrito, as pessoas deveriam, quando têm ocasião, dirigir-se ao dono do estabelecimento (representante ou empresário do Instituto de Críticas Anônimas), tornando-o diretamente responsável pelos pecados que seus empregados cometeram, aliás no tom que seu empreendimento nos dá o direito de usar.** – De minha parte, preferia estar

---

* Um crítico anônimo deve ser visto, de antemão, como um canalha que tem a intenção de nos enganar. Sentindo isso, os críticos assinam seus nomes em todas as revistas literárias honestas. – Ele quer *enganar* o público e difamar os escritores: a primeira coisa, normalmente, em benefício de um comerciante de livros, a segunda para aplacar sua inveja. – Em suma, é preciso acabar com a vigarice literária das críticas anônimas. (N.A.)

** Quanto aos pecados cometidos por um crítico anônimo, a pessoa que publica e redige uma coisa assim deve ser diretamente responsabilizada como se ela mesma tivesse escrito a resenha; da mesma maneira que tornamos o mestre artesão responsável pelo trabalho malfeito de seus aprendizes. Além disso, deve-se lidar com aquele sujeito da maneira que seu ofício merece, sem a menor cerimônia. – O anonimato é a canalhice literária contra a qual se deve proclamar: "Se você não quer, patife, assumir o que diz contra outras pessoas, cale sua boca difamadora!". – Uma resenha anônima não tem mais autoridade do que uma carta anônima, e por isso deveria ser recebida com a mesma desconfiança. Ou será que o nome da pessoa que se presta a liderar uma autêntica *societé anonyme* [sociedade anônima] deve ser tomado como garantia da veracidade de seus associados? (N.A.)

à frente de uma casa de jogos ou de um bordel a representar uma dessas covas de críticos anônimos.

§11.

O estilo é a fisionomia do espírito. E ela é menos enganosa do que a do corpo. Imitar o estilo alheio significa usar uma máscara. Por mais bela que esta seja, torna-se pouco depois insípida e insuportável porque não tem vida, de modo que mesmo o rosto vivo mais feio é melhor do que ela. Assim, quando os autores escrevem em latim e imitam o estilo dos antigos, é como se usassem máscaras, ou seja, ouve-se bem o que eles dizem, mas não se vê sua fisionomia, o estilo. No entanto, a fisionomia e o estilo são vistos nos escritos latinos de quem pensa por si mesmo, dos escritores que não se habituaram àquela imitação, como por exemplo Scotus Erigena, Petrarca, Baco, Cartesius, Spinoza, Hobbes, entre outros.*

A afetação no estilo é comparável às caretas que deformam o rosto.

A língua em que se escreve é a fisionomia nacional, que apresenta grandes diferenças, da língua grega até a caribenha.

Devemos descobrir os erros estilísticos nos escritos dos outros para evitá-los nos nossos.

---

* Trata-se dos filósofos René Descartes (1596-1650), Baruch Spinoza (1632-1677) e Thomas Hobbes (1598-1679). (N.T.)

§12.

Para estabelecer uma avaliação provisória sobre o valor da produção intelectual de um escritor, não é necessário saber exatamente sobre o que ou o que ele pensou; pois para tanto seria necessária a leitura de todas as suas obras. A princípio basta saber como ele pensou. Desse modo do pensamento, desse caráter essencial e dessa qualidade geral, o que fornece a impressão exata é seu estilo. É ele que revela o aspecto formal de todos os pensamentos de um homem, algo que precisa permanecer sempre igual, não importando o que ou sobre o que ele pensa. Tem-se com isso como que a massa a partir da qual esse homem modela todas as suas figuras, por mais diferentes que sejam. Eulenspiegel deu, ao passante que lhe perguntava quanto tempo demoraria para chegar na próxima vila, uma resposta aparentemente absurda, dizendo "Ande!", com a intenção de medir a partir de seu passo o tempo que ele levaria.* Da mesma maneira, leio algumas páginas de um autor e então já sei mais ou menos até onde ele pode me levar.

Conhecendo em segredo essa condição, todo escritor medíocre procura mascarar seu estilo próprio e natural. Isso o obriga, em primeiro lugar, a renunciar a toda ingenuidade, que com isso se converte em privilégio reservado aos espíritos superiores, conscientes de si mesmos e, assim, capazes de se apresentar com segurança. As cabeças banais simplesmente não podem

---

* Till Eulenspiegel é um personagem burlesco da literatura popular alemã. (N.T.)

se decidir a escrever do modo como pensam, porque pressentem que, nesse caso, o resultado teria um aspecto muito simplório. Mas já seria alguma coisa. Se eles apenas se dedicassem com honestidade à sua obra e simplesmente quisessem comunicar o pouco e usual que de fato pensaram, da maneira como pensaram, seriam legíveis e até mesmo instrutivos dentro de sua esfera própria. Só que, em vez disso, esforçam-se para dar a impressão de ter pensado mais e com mais profundidade do que o fizeram realmente.

Essas pessoas apresentam o que têm a dizer em fórmulas forçadas, difíceis, com neologismos e frases prolixas que giram em torno dos pensamentos e os escondem. Oscilam entre o esforço de comunicar e o de esconder o que pensaram. Gostariam de expor o pensamento de modo a lhe dar uma aparência erudita e profunda, para que as pessoas achem que há, por trás deles, mais do que percebem no momento. Assim, ora lançam os pensamentos de modo fragmentário, em sentenças curtas, ambíguas e paradoxais, que parecem significar muito mais do que dizem (ótimos exemplos desse procedimento são oferecidos pelos escritos de filosofia natural de Schelling*); ora os apresentam numa torrente de palavras, com a mais insuportável prolixidade, como se fossem necessários verdadeiros milagres para tornar compreensível o sentido profundo de suas ideias – quando elas na verdade se reduzem a algo muito simples ou mesmo a uma trivialidade (Fichte, em seus escritos populares, e centenas de cabeças de

---

* Ver nota na pág. 32.

vento miseráveis e que não são dignos de nomear, em seus manuais filosóficos, oferecem uma profusão de exemplos). Ou então eles se esforçam para escrever de um modo próprio que quiseram adotar e consideram elegante, como por exemplo o estilo κατ εξοχην [por antonomásia] científico e profundo, no qual o leitor é martirizado pelo efeito narcótico de períodos longos e enviesados, sem pensamento algum (encontram-se exemplos sobretudo entre os mais desavergonhados dos mortais, os hegelianos, em sua revista conhecida vulgarmente como "Anuário da literatura científica"). Ou então eles têm em vista um modo de escrever espirituoso, com o qual parecem querer ficar loucos.

Todos esses esforços, pelos quais esses escritores procuram afastar o *nascetur ridiculus mus* [nascerá um ridículo rato]*, com frequência tornam difícil identificar, a partir do que fazem, o que realmente pretendem. Além disso, essas pessoas também escrevem palavras, ou mesmo frases inteiras, nas quais elas próprias não pensaram nada, contudo esperam que um outro possa pensar ao lê-las. O motivo de todos esses esforços não é nada além da aspiração incansável, buscada sempre por novos caminhos, de vender palavras por pensamentos, produzindo a aparência do talento por meio de expressões novas, ou usadas em novos sentidos, com fórmulas e combinações de todos os tipos, para suprir a falta de engenho que os faz sofrer. É divertido ver como, para esse objetivo, ora uma, ora outra maneira é experimentada como uma máscara que representa o talento, e

---

* Citação de Horácio, *Arte poética*, 139. (N.T.)

ela é capaz de enganar os inexperientes por um curto período, até que seja reconhecida como uma máscara morta e ridicularizada, então é trocada por outra. Assim, vemos os escritores usarem um tom ditirâmbico, como se estivessem bêbados, para depois, já na página seguinte, recorrerem a um tom sério, pomposo, profundamente erudito, que alcança o mais alto grau de prolixidade pesada e minuciosa, à maneira do falecido Christian Wolf, mas com uma roupagem moderna*.

Contudo, a máscara mantida por mais tempo é a da ininteligibilidade, embora isso aconteça apenas na Alemanha, onde ela foi introduzida por Fichte, aperfeiçoada por Schelling e finalmente alcançou seu clímax em Hegel, obtendo sempre o maior sucesso. Não há nada mais fácil do que escrever de tal maneira que ninguém entenda; em compensação, nada mais difícil do que expressar pensamentos significativos de modo que todos os compreendam. O *ininteligível* é parente do *insensato*, e sem dúvida é infinitamente mais provável que ele esconda uma mistificação do que uma intuição profunda.

Mas todos os artifícios mencionados são dispensáveis quando o talento está realmente presente, pois ele permite que o escritor se mostre como ele é, confirmando a sentença de Horácio:

> *scribendi recte sapere est principium et fons.*** [o saber é o princípio e a fonte para se escrever bem.]

---

* Refere-se a Friedrich August Christian Wilhelm Wolf (1759-1824), filólogo alemão, considerado um dos fundadores da filologia clássica. (N.T.)

** Horácio, *Arte poética*, 309. (N.T.)

Mas aqueles escritores fazem como certos metalúrgicos que experimentam cem diferentes composições para pôr no lugar do ouro, o único metal que sempre será insubstituível. Um autor deveria, pelo contrário, evitar acima de tudo o esforço de demonstrar mais talento do que de fato tem, porque isso desperta no leitor a desconfiança de que ele possui muito pouco, uma vez que só se finge ter algo que realmente não se tem. Justamente por isso é um elogio quando se chama um autor de *ingênuo*, porque significa que ele pode se mostrar como realmente é. Em geral, a ingenuidade atrai, enquanto a artificialidade causa repulsa. Também vemos todo pensador autêntico se esforçar para dar a seus pensamentos a expressão mais pura, clara, segura e concisa possível. Consequentemente, a simplicidade sempre foi uma marca não só da verdade, mas também do gênio. É do pensamento que o estilo recebe a beleza, e não o contrário, como ocorre naqueles pseudopensadores que buscam tornar seus pensamentos belos com auxílio do estilo. Em todo caso, o estilo não passa da silhueta do pensamento: escrever mal, ou de modo obscuro, significa pensar de modo confuso e indistinto.

Assim, a primeira regra do bom estilo, uma regra que praticamente se basta sozinha, é *que se tenha algo a dizer*. Ah, sim, com isso se chega longe! Mas a negligência com relação a essa regra é um traço característico e fundamental dos filósofos e, em geral, de todos os escritores teóricos na Alemanha, especialmente desde Fichte. Em tudo o que eles escrevem, percebe-se que pretendem *parecer* que têm algo a dizer, quando não têm coisa alguma. Essa maneira de escrever, introduzida pelos pseudofilósofos das universidades, pode ser observada facilmente e mesmo entre as mais destacadas celebridades literárias desta época. Ela é a mãe tanto do estilo forçado, vago, ambíguo e mesmo plurívoco, quanto do estilo prolixo, pesado, o *style empesé*, e também da torrente inútil de palavras e, finalmente, do ocultamento da mais deplorável pobreza de pensamento sob uma tagarelice infatigável, ensurdecedora, atordoante. No caso de tais estilos, uma pessoa pode ler por horas a fio sem capturar nenhum pensamento preciso e claramente exposto. Desse tipo de escritos e dessa arte, encontram-se ótimos modelos em quase todas as páginas daqueles famigerados "Anuários de Halle", chamados depois de "Anuários alemães". Quem tem algo digno de menção a ser dito não precisa ocultá-lo em expressões cheias de preciosismos, em frases difíceis e alusões obscuras, mas pode se expressar de modo simples, claro e ingênuo, estando certo com isso de que suas palavras não perderão o efeito. Assim, quem precisa usar os artifícios mencionados antes revela sua pobreza de pensamentos, de espírito e de conhecimento.

Enquanto isso, a resignação alemã se acostumou a ler amontoados de palavras daquele tipo, página por página, sem saber direito o que o escritor realmente quer dizer. As pessoas acreditam que as coisas devem ser assim mesmo e não chegam a descobrir que ele escreve apenas por escrever. Em contrapartida, um bom escritor, rico em pensamentos, conquista de imediato entre seus leitores o crédito de ser alguém que, a sério, realmente *tem algo a dizer* quando se manifesta; é essa atitude que dá ao leitor esclarecido a paciência de segui-lo com atenção. Justamente porque tem algo a dizer, tal escritor se expressará sempre da maneira mais simples e precisa, uma vez que pretende despertar no leitor exatamente o pensamento que tem naquele momento, e nenhum outro. Assim, ele pode repetir as palavras de Boileau:

> *Ma pensée au grand jour partout s'offre et s'expose,*
> *Et mon vers, bien ou mal, dit toujours quelque chose;**
>
> [Meu pensamento se abre e se expõe em plena luz,
> E meu verso, mal ou bem, diz sempre alguma coisa;]

Quanto aos escritores descritos antes, as palavras do mesmo poeta que se aplicam a eles são: "*et qui parlant beaucoup ne disent jamais rien*" [e que, falando muito, nunca diz nada]. Uma outra característica deles é a de evitarem, quando possível, todas as expressões *precisas*, de modo que possam sempre tirar a corda do pescoço, quando necessário. Assim, eles escolhem, em todos os casos, a expressão mais *abstrata*, enquanto as pessoas de talento escolhem a mais concreta porque ela expõe o assunto à claridade, que constitui a fonte de toda evidência. Aquela preferência pelo abstrato pode ser comprovada por muitos exemplos: entre eles, um especialmente ridículo é o

---

* Epître IX à M. le Marquis de Segnelay, de Nicolas Boileau (1636-1711), escritor francês, considerado um dos principais teóricos do Classicismo do século XVII. (N.T.)

uso que os escritores alemães da última década quase sempre fazem do verbo "*bedingen*" [condicionar], em lugar de "*bewirken*" [provocar] e "*verursachen*" [causar]. Esse uso se deve ao fato de que aquele verbo, por ser mais abstrato e indefinido, diz menos (algo como "não sem isso" em vez de "por meio disso") e assim deixa sempre abertas as portas do fundo, tão apreciadas por aqueles em quem a consciência secreta de sua incapacidade infunde um medo constante de todas as expressões precisas. Em outros escritores, porém, atua apenas a tendência nacional de imitar prontamente, na literatura, toda burrice, assim como se imita na vida toda impertinência, o que pode ser comprovado pela rápida propagação de ambas. Enquanto um inglês se deixa conduzir por sua própria avaliação, tanto no que escreve quanto no que faz, o alemão é quem menos pode se vangloriar disso. Em consequência do processo já mencionado, as palavras *bewirken* [provocar] e *verursachen* [causar] desapareceram quase totalmente da linguagem usada nos livros da última década, e em toda parte se usa apenas "*bedingen*" [condicionar]. Esse fato é digno de menção por ser tão caracteristicamente ridículo.

    Seria possível atribuir a falta de espírito e o caráter entediante dos escritos das mentes triviais ao fato de elas sempre falarem sabendo as coisas pela metade, isto é, elas não entendem propriamente o sentido de suas próprias palavras, pois se trata de algo que foi aprendido e recebido já pronto; por isso utilizam, mais que palavras, frases inteiras repetidas (*phrases banales*). É essa a razão da sensível falta de pensamentos claramente expressos que caracteriza tais escritos, justamente porque o selo de sua expressão, o ato de pensar com clareza, é algo que não está presente. Em seu lugar, encontramos uma rede de palavras obscura e indefinida, locuções correntes, fórmulas usadas e expressões da moda.* Por conseguinte, sua escrita nebulosa é como uma impressão com tipos já bastante usados. Pessoas de talento, por sua vez, dirigem-se *realmente* a nós em seus escritos, e por isso são capazes de nos animar e entreter: apenas elas combinam as palavras com plena consciência, com critério e intenção. Desse modo, sua exposição estabelece, com a que foi descrita antes, uma relação semelhante à de um quadro *pintado* com um que foi impresso com um molde. Num caso, há uma intenção especial em cada palavra, assim como em cada pincelada; no outro, em compensação, tudo foi feito mecanicamente.** A mesma diferença pode ser observada na música. Pois é sempre a onipresença do espírito em cada uma das partes que caracteriza a obra do gênio; ela é análoga à onipresença da alma de

---

* Com as expressões acertadas, os modos de dizer originais e os usos felizes da linguagem acontece a mesma coisa que com as roupas: quando são novas, brilham e fazem bom efeito, mas logo todos passam a usá-las e, por isso, em pouco tempo parecem usadas e sem brilho, de modo que não fazem mais efeito algum. (N.A.)

** A escrita das mentes triviais é aplicada como um padrão, ou seja, consiste em locuções e frases feitas que estão na moda naquele momento e são usadas sem que os escritores parem para pensar. As mentes superiores criam cada frase especialmente para o caso específico e presente. (N.A.)

Garrick em todos os músculos de seu corpo, observada por Lichtenberg*.

Com relação ao *caráter entediante* dos escritos, mencionado anteriormente, deve-se acrescentar a observação geral de que há dois tipos de tédio: um objetivo e um subjetivo. O tédio *objetivo* tem origem sempre na falta que está em questão aqui, portanto no fato de que o autor não possui nenhum pensamento ou conhecimento perfeitamente claros para comunicar. Pois quem os possui trabalha tendo em vista seu objetivo, ou seja, a comunicação do pensamento e do conhecimento, seguindo uma linha reta e fornecendo conceitos claramente expressos, por isso não é prolixo, nem vazio, nem confuso e, consequentemente, não é entediante. Mesmo que a base de seu pensamento fosse um equívoco, seria algo pensado claramente e bem ponderado, portanto correto ao menos do ponto de vista formal, de modo que o texto teria sempre algum valor. Em compensação, pelos mesmos motivos, um texto objetivamente *entediante* é sempre destituído de valor.

O tédio *subjetivo*, por sua vez, é algo apenas relativo: ele se baseia na falta de interesse pelo assunto, da parte do leitor, o que indica uma certa limitação. Nesse caso, até uma obra excelente pode ser subjetivamente entediante para este ou para aquele leitor; por outro lado, mesmo uma obra de péssima qualidade pode ser subjetivamente excitante para alguém, porque o assunto ou o escritor lhe interessam.

---

* Trata-se de um comentário de Lichtenberg referente ao ator inglês David Garrick (1716-1779). *Cartas da Inglaterra* (primeira carta a Heinrich Christian Boie). (N.T.)

Seria proveitoso que os escritores alemães chegassem à conclusão de que, embora de fato se deva pensar como um grande espírito, sempre que possível deve-se falar a mesma linguagem das outras pessoas. Palavras ordinárias são usadas para dizer coisas extraordinárias; mas eles fazem o contrário. Nós os vemos esforçados em disfarçar conceitos triviais com palavras nobres, em vestir seus pensamentos muito ordinários com as mais extraordinárias expressões, as fórmulas mais rebuscadas, mais pretensiosas e mais raras. Suas frases são sempre como que carregadas em liteiras. Com referência a esse gosto pelo bombástico, em estilo exagerado, pomposo, preciosista, hiperbólico e acrobático, seu protótipo é o alferes Pistol, a quem seu amigo Falstaff certa vez bradou, perdendo a paciência: "Diga o que tem a dizer como uma pessoa deste mundo!"*.

Aos apreciadores de exemplos dedico esta amostra: "A próxima publicação de nossa editora: fisiologia científica teórico-prática, patologia e terapia dos fenômenos pneumáticos denominados flatulências, que são apresentados de maneira sistemática em suas relações orgânicas e causais, de acordo com seu modo de ser, como também com todos os fatores genéticos condicionantes, externos e internos, em toda a plenitude de suas manifestações e atuações, tanto para a consciência humana em geral quanto para a consciência científica: uma versão livre da obra francesa *l'art de péter* [a arte

---

* Citação da peça *Henrique IV* (parte 2, ato 5, cena 3), de William Shakespeare (1564-1616). (N.T.)

de peidar], provida de notas corretivas e excursos esclarecedores."

Não se encontra uma tradução que corresponda exatamente a *style empesé*; mas se encontra com muita frequência o estilo a que essa expressão se refere. Quando se associa ao preciosismo, esse estilo é, nos livros, o que a solenidade fingida, a falsa fidalguia e o preciosismo são no trato social: algo insuportável. A pobreza de espírito gosta de usar tal roupagem, da mesma maneira que, na vida, a burrice se disfarça com a solenidade e a formalidade.

Quem escreve de modo *afetado* é como alguém que se enfeita para não ser confundido e misturado com o povo; um perigo que o *gentleman* não corre, mesmo usando o pior traje. Assim como se reconhece o plebeu por uma certa pompa no modo de se vestir e pelo jeito embonecado, a mente trivial é reconhecida pelo seu estilo afetado.

Em todo caso, é um esforço vão querer escrever exatamente como se fala. Em vez disso, todos os estilos de escrita devem conservar um certo vestígio do parentesco com o estilo lapidar que é seu precursor. Querer escrever como se fala é tão condenável quanto o contrário, ou seja, querer falar como se escreve, o que resulta num modo de falar pedante e ao mesmo tempo difícil de entender.

A obscuridade e a falta de clareza da expressão são sempre um péssimo sinal. Pois em noventa e nove por cento dos casos elas se baseiam na falta de clareza do pensamento, que por sua vez resulta quase sempre de um equívoco, uma inconsistência e incorreção mais originais. Quando um pensamento correto desponta numa cabeça, ele se esforça em direção à claridade e logo a alcança, para em seguida o que foi claramente pensado encontrar com facilidade uma expressão adequada. O que uma pessoa é capaz de pensar sempre se deixa expressar em palavras claras e compreensíveis, sem ambiguidade. Aqueles que elaboram discursos difíceis, obscuros, dubitativos e ambíguos com certeza não sabem direito o que querem dizer, mas têm uma consciência nebulosa do assunto e lutam para chegar a formular um pensamento. No entanto, com frequência, essas pessoas querem esconder de si mesmas e dos outros o fato de que na verdade não têm nada a dizer. Querem dar a impressão, como Fichte, Schelling e Hegel, de saber o que não sabem, de pensar o que não pensam, de dizer o que não dizem. Pois alguém que tem algo certo a dizer iria fazer esforço para falar de modo obscuro ou claro? – Como diz Quintiliano [*Instit. Lib.* II, c. 3]:* "*plerumque accidit ut facilitora sint ad intelligendum et lucidiora multo, quae a doctismo quoque dicuntur... Eri ergo etiam obscurior, quo quisque deterior*". [Ordinariamente ocorre que as coisas ditas por um homem instruído são mais fáceis de entender e muito mais claras... E alguém será tanto mais obscuro quanto menos valer.]

Da mesma maneira, não devemos nos expressar de modo *enigmático*, mas saber se queremos ou não dizer

---

* Marco Fabio Quintiliano, (c.35-c.95), retórico latino. (N.T.)

alguma coisa. A indecisão da expressão é o que torna os escritores alemães tão desagradáveis. Constituem uma exceção somente os casos em que se tem a comunicar algo que seja proibido de alguma maneira.

Assim como todo excesso numa atividade costuma levar ao contrário do que se pretendia, as palavras servem de fato para tornar os pensamentos compreensíveis, mas só até certo ponto. Quando esse ponto é ultrapassado, elas tornam os pensamentos a serem comunicados mais e mais obscuros. Encontrar tal ponto é uma tarefa do estilo e uma questão da capacidade de julgar, pois toda palavra supérflua age diretamente contra seu objetivo. É nesse sentido que Voltaire diz: "*l'adjectif est l'ennemi du substantif*" [o adjetivo é o inimigo do substantivo].* Mas, sem dúvida, muitos escritores procuram esconder sua pobreza de pensamento justamente sob uma profusão de palavras.

Por conseguinte, deve-se evitar toda prolixidade e todo entrelaçamento de observações que não valem o esforço da leitura. É preciso ser econômico com o tempo, a dedicação e a paciência do leitor, de modo a receber dele o crédito de considerar o que foi escrito digno de uma leitura atenta e capaz de recompensar o esforço empregado nela. É sempre melhor deixar de lado algo bom do que incluir algo insignificante. Aplica-se acertadamente aqui a expressão de Hesíodo

---

* Citação de *Discours sur l'homme*, VI, de Voltaire, pseudônimo de François Marie Arouet (1694-1778), escritor e filósofo francês. (N.T.)

πλέον ἥμισυ παντός [a metade é preferível ao todo] (*opera et dies*, v. 40)*. Sobretudo, não dizer tudo! *Le secret pour être ennuyeux, c'est de tout dire* [o segredo para ser entediante é dizer tudo]**. Portanto, quando possível, apenas a quintessência, apenas os assuntos principais, nada do que o leitor pensaria sozinho. – Usar muitas palavras para comunicar poucos pensamentos é sempre o sinal inconfundível da mediocridade; em contrapartida, o sinal de uma cabeça eminente é resumir muitos pensamentos em poucas palavras.

A verdade fica mais bonita nua, e a impressão que ela causa é mais profunda quanto mais simples for sua expressão. Em parte, porque ocupa assim toda a alma do ouvinte, desimpedida e sem a distração de pensamentos secundários; em parte, porque ele sente que, nesse caso, não é corrompido ou enganado por artifícios retóricos, mas todo o efeito provém do próprio assunto. Por exemplo, que declamação acerca da vanidade da existência humana causará mais impressão do que a de Jó: "*homo, natus de muliere, brevi vivit tempore, repletus multis miseriis, qui, tanquam flos, egreditur et conteritur, et fugit velut umbra*" [o homem, nascido da mulher, vive um breve tempo repleto de inquietações, como uma flor desabrocha e logo murcha, e foge como uma sombra passageira].*** – Exatamente por isso a poesia ingênua de Goethe é incomparavelmente

---

* Hesíodo, *Os trabalhos e os dias*, v. 40. (N.T.)
** Nova citação do *Discours sur l'homme*, VI, de Voltaire. (N.T.)
*** *Livro de Jó*, 14, 1. (N.T.)

superior à poesia retórica de Schiller.* Também é esse o motivo do forte efeito de muitos cantos populares. Nesse caso, assim como é preciso evitar uma sobrecarga de ornamentações na arquitetura, nas artes discursivas é preciso evitar sobretudo os floreios retóricos desnecessários, todas as amplificações inúteis e, acima de tudo, o que há de supérfluo na expressão, dedicando-se a um estilo *casto*. Tudo o que é dispensável tem um efeito desvantajoso. A lei da simplicidade e da ingenuidade, já que essas qualidades combinam com o que há de mais sublime, vale para todas as belas-artes.

A *falta de espírito* adota todas as formas apenas para se esconder por trás delas: ela se disfarça num modo empolado ou bombástico de se expressar, no tom da superioridade e da fidalguia e em centenas de outras formas. Só não dá importância à *ingenuidade*, porque com ela ficaria sem recursos e ofereceria apenas produtos simplórios. Mesmo a boa mente não deve ser *ingênua*, já que pareceria seca e magra. Por isso, a *ingenuidade* se mantém como a indumentária de honra do gênio, assim como a nudez é a da beleza.

A autêntica concisão da expressão consiste em dizer apenas, em todos os casos, o que é digno de ser dito, com a justa distinção entre o que é necessário e o que é supérfluo, evitando todas as explicações prolixas sobre coisas que qualquer um pode pensar por si

---

* Referência ao ensaio *Poesia ingênua e sentimental*, no qual o poeta e dramaturgo Friedrich Schiller (1759-1805) considera a poesia de Goethe um exemplo do tipo ingênuo. Schopenhauer define sua posição quanto à tradicional comparação entre os dois grandes nomes da literatura alemã, Goethe e Schiller. (N.T.)

mesmo. Em contrapartida, nunca se deve sacrificar à concisão a clareza, muito menos a gramática. Enfraquecer a expressão de um pensamento, obscurecer o sentido de uma frase para usar algumas palavras a menos é uma lamentável insensatez. Mas é justamente isso o que move a falsa concisão em voga hoje em dia, que consiste na atividade de deixar de lado o que serve ao objetivo, ou mesmo o que é necessário do ponto de vista gramatical e lógico. Na Alemanha, os maus escrevinhadores atuais foram tomados por essa voga, como por uma obsessão, e a exercem com incrível insensatez. A fim de economizar uma palavra e matar dois coelhos com uma cajadada, utilizam *um* verbo ou *um* adjetivo para várias e distintas orações, mesmo em sentidos diferentes, de modo que é preciso ler as frases sem entendê-las, tateando como um cego, até que a última palavra forneça algum esclarecimento. Além disso, recorrendo a outros tipos de economias de palavras, inteiramente inapropriados, procuram produzir o que seu caráter simplório considera uma concisão da expressão e uma escrita sintética. Assim, ao deixar de lado por economia uma palavra que, de um só golpe, lançaria luz sobre uma frase, fazem desta um enigma que tentamos desvendar por meio de repetidas leituras. Especialmente as partículas *wenn* [se] e *so* [então] são proscritas em tais escritos e precisam ser substituídas por meio da antecipação do verbo, sem a necessária discriminação, com certeza sutil demais para a cabeça desse tipo, das passagens em que esse procedimento é ou não apropriado. O resultado, com frequência, é não só uma dureza e uma afetação de mau gosto, mas também a incompreensibilidade.

Semelhante a este é um disparate linguístico muito apreciado, que pode ser demonstrado melhor por meio de um exemplo: para dizer "*käme er zu mir, so würde ich ihm sagen*" [viesse ele até mim, então eu lhe diria] etc., nove décimos dos desperdiçadores de tinta atuais escrevem: "*würde er zu mir kommen, ich sagte ihm*" [viria ele até mim, eu lhe diria]*, o que não é só um uso canhestro, como também errado. Na verdade, apenas um período interrogativo pode começar por *würde*, e numa frase condicional isso poderia acontecer quando muito no presente, mas nunca no futuro. Mas, no caso de tais escritores, o engenho na concisão da maneira de se expressar não vai além da capacidade de contar as palavras e da invenção de truques para eliminar, a qualquer custo, algumas sílabas, ou mesmo uma única. É só desse modo que eles buscam a brevidade do estilo e o primor da exposição. Assim, toda sílaba cujo valor lógico, ou gramatical, ou eufônico escapa à sua estupidez é rapidamente cortada, e logo que *um* burro tenha realizado tal ato heroico centenas de outros o seguem, imitando com júbilo sua realização. Mas não se encontra em parte

---

* O que Schopenhauer exemplifica é o uso do verbo auxiliar ("würde") *no Konjuntiv II* do alemão, tempo verbal que é traduzido em português pelo passado do subjuntivo e pelo futuro do pretérito. Não é possível reproduzir seu exemplo com precisão, porque a construção gramatical é diferente nas duas línguas. Pelo mesmo motivo, a explicação dada na frase seguinte só faz sentido para a gramática alemã. (N.T.)

alguma uma oposição! Nenhuma oposição contra a burrice, pelo contrário: se *um* faz uma verdadeira burrice, os *outros* o seguem e se apressam em imitá-lo.

[...]

Com essa maneira *torpe* de cortar sílabas sempre que possível, todos os maus escrevinhadores *mutilam* hoje em dia a língua alemã, que depois não poderá ser restabelecida. Por isso, esses melhoradores da língua têm de ser castigados, sem exceção alguma, como as crianças bagunceiras na escola. Toda pessoa bem-intencionada e inteligente tomará meu partido em favor da língua alemã e contra a estupidez alemã. Como esse tratamento arbitrário e mesmo insolente da língua, que os desperdiçadores de tinta se permitem hoje em dia na Alemanha, seria acolhido na Inglaterra, na França, ou na Itália, país digno de inveja por sua *Academia della Crusca*? Basta considerar, por exemplo, na biblioteca de *Classici Italiani* (Milão 1804, ss., tomo 142) a vida de Benvenuto Cellini, na qual o editor critica e examina em nota qualquer desvio do toscano puro, por menor que seja, ainda que se trate de uma única letra!* O mesmo vale para os editores dos *Moralistes français* (1838). Por exemplo, Vauvenargues escreve:** "*ni le dégout est une marque de santé, ni l' appétit est une maladie*" [nem o fastio é uma marca de saúde, nem o apetite é uma doença], e o editor observa imediatamente que deveria estar escrito "*n'est*".

---

* Benvenuto Cellini (1500-1571), artista italiano. (N.T.)

** Luc de Clapiers, Marquis de Vauvenargues (1715-1747), escritor francês. (N.T.)

Entre nós, cada um escreve como quer! Se Vauvernargues escreveu: "*la difficulté est à les connaître*" [a dificuldade está em conhecê-los], o editor observa: "*il faut, je crois* [deveria ser, creio] *de les connaître*".

Num periódico inglês, vi um orador ser duramente criticado porque tinha dito: *my talented friend* [meu *talentoso* amigo], o que não seria uma expressão inglesa; quando se tem *spirited*, de *spirit*. As outras nações são rígidas com relação a suas línguas.* Em contrapartida, algum rabiscador alemão que inventa, sem escrúpulos, qualquer palavra inaudita, em vez de levar uma sova nos jornais, é aplaudido e encontra imitadores. Nenhum escritor, nem mesmo o mais mesquinho desperdiçador de tinta, hesita em usar qualquer verbo num sentido nunca antes atribuído a ele; caso o leitor consiga de algum modo adivinhar o que ele pretende dizer, isso passa por uma ideia original e encontra quem a imite.** Sem nenhuma consideração

---

* Esse rigor dos ingleses, franceses, italianos não é de modo algum pedantismo, mas prudência, para que não seja possível a qualquer garoto que goste de desperdiçar tinta com rabiscos profanar o santuário nacional da língua, como ocorre na Alemanha. (N.A.)

** O pior é que, contra tais mutilações da língua, que na maioria das vezes se originam do círculo mais baixo da literatura, não há nenhuma oposição na Alemanha. Normalmente nascidas nos jornais políticos, as palavras estropiadas ou mal-usadas são transferidas, sem obstáculos e com honras, para os jornais eruditos provenientes das universidades e academias, e mesmo para todos os livros. Ninguém reage, ninguém sente a necessidade de proteger a língua; em vez disso, todos competem para participar da tolice. O autêntico erudito, no sentido estrito, deveria reconhecer como sua tarefa, dedicando a isso sua honra, opor resistência a todos os erros e enganos, em cada gênero, tornando-se o dique onde (cont...)

pela gramática, pelo uso da língua, pelo sentido e pela compreensão humana, qualquer idiota escreve o que lhe passa pela cabeça, e quanto mais absurdo melhor! – Recentemente li *Centro-Amerika*, em vez de *Central-Amerika*. De novo, uma letra economizada às custas dos elementos mencionados!

Em todas as coisas, o alemão odeia a ordem, a regra e a lei: ele adora a arbitrariedade e o capricho próprios, dotados de uma dose de insípida imparcialidade, segundo sua capacidade apurada de julgar. Por isso, não sei se os alemães um dia aprenderão a se manter à *direita* nas ruas, caminhos e estradas – por maior e mais evidente que seja a vantagem de agir assim –, como todos os britânicos fazem inexoravelmente tanto nos três Reinos Unidos quanto nas várias colônias. Também em corporações sociais, clubes e locais do gênero, pode-se ver com que satisfação, embora sem a menor vantagem para sua comodidade, muitos desobedecem de propósito as normas sociais mais razoáveis. Como diz Goethe:

(...) vai bater a enxurrada da burrice de todo tipo. Ele não deveria nunca participar do ofuscamento do vulgo, nunca acompanhar suas bobagens, mas sempre andar à luz do conhecimento científico e iluminar os outros com a verdade e a profundidade. É nisso que consiste a virtude do erudito. Nossos professores, pelo contrário, consideram que ela consiste em títulos de conselheiro da corte e distinções honoríficas, cuja aceitação os rebaixa ao mesmo nível de funcionários dos correios e de outros servidores incultos do estado. Todo erudito deveria se envergonhar de títulos assim e, por outro lado, conservar um certo orgulho de seu nível teórico, isto é, puramente intelectual, em relação a todos os assuntos práticos que correspondem a determinadas necessidades. (N.A.)

> Viver segundo seus caprichos é vulgar;
> O nobre se esforça pela ordem e pela lei.*
>
> (*Escritos póstumos*. volume 17, p. 297)

Trata-se de uma mania universal. Todos se esforçam para demolir a língua, sem dó e sem piedade; como numa caçada, cada um procura abater um pássaro onde e como puder. Portanto, numa época em que não há um único escritor vivo na Alemanha cujas obras prometam durar, os fabricantes de livros, os literatos e os escritores de jornal sentem-se no direito de querer reformar a língua, e assim vemos essa geração atual impotente, apesar de suas longas barbas, isto é, incapaz de qualquer produção intelectual de tipo elevado, dedicando seus esforços a mutilar de modo impertinente e desavergonhado a língua na qual grandes autores escreveram, com a intenção de obter um reconhecimento como o de Heróstrato.** Em outros tempos, os corifeus da literatura se permitiam, em pontos específicos, propor uma melhora da língua após muita reflexão. Agora, cada desperdiçador de tinta, cada escritor de jornal, cada editor de uma publicação de estética sente-se autorizado a pôr suas garras na língua para arrancar dela o que não lhe agrada segundo seus caprichos, ou então para introduzir novas palavras.

---

* No original: "*Nach seinem Sinne leben ist gemein:/Der Edle strebt nach Ordnung und Gesetz.*" (N.T.)

** Em torno de 350 a.C., Heróstrato incendiou o templo de Ártemis em Éfeso, considerado uma das sete maravilhas do mundo, para imortalizar seu nome. (N.T.)

A ira desses cortadores de palavras se dirige, principalmente, aos prefixos e sufixos de todas as palavras. O que eles pretendem alcançar por meio dessa amputação deve ser a concisão e, com ela, a pregnância e a energia da expressão, pois a economia de papel é muito pequena no final das contas. Assim, eles gostariam de reduzir ao máximo o que têm a dizer. Mas, para tanto, o que se requer é um procedimento muito diferente da redução de palavras, a saber, é necessário que se *pense* de modo conciso e sintético, no entanto essa atividade não está ao alcance de qualquer um. Além do mais, a concisão eficaz, a energia e até a pregnância da expressão só são possíveis pelo fato de que a língua possui, para cada conceito, uma palavra e, para cada modificação ou mesmo para cada nuance desse conceito, uma modificação perfeitamente correspondente da palavra. Apenas assim, quando as palavras e as modificações são empregadas corretamente, torna-se possível que cada frase, ao ser dita, desperte no ouvinte direta e exatamente o pensamento visado pelo falante, sem deixá-lo em dúvida nem mesmo por um instante a respeito do que este pretende dizer. Assim, cada radical da língua tem de ser um *modificabile multimodis modificationibus* [um modificável com múltiplas modificações possíveis], para poder se prender como um pano molhado a todas as nuances do conceito e, com isso, às sutilezas do pensamento. Ora, essa adaptação é possibilitada principalmente por meio dos prefixos e sufixos: eles são as modulações de cada conceito fundamental no teclado da língua. É por isso que os gregos e os romanos modulavam e diversificavam o significado de quase todos verbos, e de muitos substantivos, por meio de prefixos. Pode servir de exemplo qualquer um dos principais verbos latinos, como *ponere*, modificado para a *imponere, deponere, disponere, exponere, componere, adponere, subponere, superponere, seponere, praeponere, proponere, interponere, transponere* e assim por diante. O mesmo procedimento pode ser demonstrado em palavras alemãs: por exemplo, o substantivo *Sicht* [vista] é modificado para *Aussicht* [vista externa], *Einsicht* [discernimento], *Durchsicht* [revisão], *Nachsicht* [indulgência], *Vorsicht* [cuidado], *Hinsicht* [respeito], *Absicht* [intenção] etc.; ou o verbo *suchen* [buscar], modificado para *aufsuchen* [procurar], *aussuchen* [escolher], *untersuchen* [pesquisar], *besuchen* [visitar], *ersuchen* [solicitar], *versuchen* [tentar], *heimsuchen* [acometer], *durchsuchen* [vasculhar], *nachsuchen* [requerer].*

É esse o papel dos prefixos. Quando, em virtude do esforço pela concisão, eles são deixados de lado e se diz, nesse caso, apenas *ponere* ou *Sicht* ou *suchen*, em lugar das formas modificadas que seriam adequadas, todas as determinações precisas de um conceito fundamental muito amplo ficam sem indicação, e cabe a Deus e ao leitor a compreensão do que é dito. Com isso torna-se a língua, ao mesmo tempo, pobre, mal-acabada e rude. Entretanto, é exatamente esse o procedimento dos

---

* *Führen* [conduzir]: *mitführen* [levar consigo], *ausführen* [terminar], *verführen* [seduzir], *einführen* [introduzir], *aufführen* [apresentar], *abführen* [levar embora], *durchführen* [realizar]. (N.A.)

engenhosos melhoradores da língua na "atualidade". Grosseiros e ignorantes, eles realmente imaginam que nossos antepassados tão criteriosos devem ter acrescentado os prefixos por não terem o que fazer, ou por pura burrice, e assim acreditam que é um golpe de gênio retirá-los com afinco e com pressa, a cada vez que se deparam com um. Contudo, na língua, nenhum prefixo deixa de ter significado, não há um único que não sirva para encaminhar o conceito fundamental no rumo de todas as suas modulações, tornando possível a precisão, a clareza e a sutileza da expressão, fatores que lhe dão energia e pregnância.

Em contrapartida, quando se retiram os prefixos, faz-se *uma* única palavra a partir de várias, o que empobrece a língua. Mais do que isso: não são somente as palavras que se perdem, mas também os conceitos, porque faltam então os meios para fixá-los, e as pessoas têm de se contentar, ao falar, ou mesmo ao pensar, com um *à peu près* [aproximadamente], de modo que a energia do discurso e a clareza do pensamento se perdem. Não se pode, como ocorre com tais amputações, diminuir o número das palavras sem ampliar, ao mesmo tempo, o significado das palavras restantes. E, por outro lado, não se pode fazer tal ampliação sem tirar desses significados sua determinação mais imediata, favorecendo assim a ambiguidade e a obscuridade, o que acaba por impossibilitar a precisão e a clareza da expressão, sem falar em sua energia e pregnância. Uma ilustração desse processo nos é oferecida pela ampliação do significado da palavra *nur* [só], acarretando de imediato a ambiguidade e, às vezes, a falsidade da expressão.* – Não importa que uma palavra tenha duas sílabas a mais, quando são elas que determinam com maior precisão o conceito! É incrível, mas há cabeças-tontas que escrevem *Indifferenz* [indiferença] quando pretendem dizer *Indifferenzismus* [indiferentismo], para lucrar essas sílabas!

Justamente aqueles prefixos que conduzem o radical no rumo de todas as modificações e nuances de seu emprego são um meio indispensável para toda clareza e precisão da expressão e, assim, para a autêntica concisão, a energia e a pregnância do discurso. O mesmo pode ser dito em relação aos sufixos, os diversos tipos de sílabas finais de substantivos derivados de verbos, como por exemplo de *Versuch* [tentativa] e *Versuchung* [tentação]. Assim, as duas maneiras de modulação das palavras e conceitos foram distribuídas na língua e aplicadas às palavras por nossos antecessores engenhosamente, com sabedoria e tato. Mas depois veio, em nossos dias, uma geração de rabiscadores brutos, ignorantes e incapazes, que uniram suas forças para destruir aquela antiga obra de arte com a dilapidação das palavras, como se fosse essa a sua profissão, justamente porque esses paquidermes não têm nenhuma sensibilidade para meios artísticos destinados à expressão de pensamentos matizados de modo sutil. Em todo caso, eles entendem de contar letras. Por isso, se um paquiderme tem a opção entre duas palavras, uma que

---

* O autor dera exemplos do uso equivocado da palavra *nur* [só], cujo significado a princípio era restritivo ("não mais que"), mas que passou a ser usada para designar uma exclusividade: "nada além de". (N.T.)

corresponde exatamente ao conceito a ser expresso, em função de seu prefixo ou sufixo, e outra que se refere a esse conceito de modo impreciso e genérico, contudo possui três letras a menos, então nosso paquiderme se aferra sem pensar a essa última, contentando-se, quanto ao sentido, com um *à peu près*, pois seu pensamento não precisa de tais sutilezas e ocorre apenas em linhas gerais. Contanto que haja menos letras! Disso depende a concisão e a força da expressão, a beleza da língua. Se ele tem a dizer por exemplo "*so etwas ist nicht* vorhanden" [algo assim não está *disponível*], ele dirá "*so etwas ist nicht* da" [algo assim não *há*], em função da grande economia de letras.

O lema principal dessas pessoas é sacrificar sempre a adequação e a justeza de uma expressão à concisão de outra, que tem de servir como substituta. Com isso se desenvolve pouco a pouco um jargão muito debilitado, que acaba se tornando incompreensível. Desse modo, a única verdadeira vantagem que a nação alemã tem em relação às restantes, a língua, é anulada levianamente. Pois a língua alemã é a única em que se pode escrever quase tão bem quanto em grego e latim, característica que seria ridículo querer atribuir às outras principais línguas europeias, que não passam de dialetos. Comparado com elas, o alemão tem algo de extraordinariamente nobre e sublime.

Mas como um tal paquiderme poderia ter sensibilidade para a delicadeza de uma língua, esse material precioso, legado aos espíritos pensantes para poder receber e conservar pensamentos sutis? Contar letras, em contrapartida, é coisa para paquidermes! Vejam só como eles se regalam com a mutilação da língua, esses nobres filhos da "atualidade". Olhem só para eles! Cabeças carecas, longas barbas, óculos em lugar de olhos, um charuto no focinho como substituto dos pensamentos, um saio nas costas em lugar do casaco, a vadiação em lugar da diligência, a arrogância em lugar do conhecimento, desfaçatez e intrigas em lugar de mérito.* Nobre "atualidade", magníficos epígonos, uma geração amamentada pelo leite materno da filosofia de Hegel! Para obter o renome eterno, vocês querem imprimir suas garras em nossa velha língua, a fim de que a impressão, como um iconólito, guarde para sempre o vestígio de sua existência vazia e obtusa. Mas *Di meliora***! Fora, paquidermes, fora. *Esta é a língua alemã*! Na qual homens se expressaram, na qual grandes poetas cantaram e grandes pensadores escreveram. Retirem as garras! Ou *passarão fome*. (É a única coisa que os assusta.)

O pretenso melhoramento "atual" da língua, empreendido por garotos que saíram cedo demais da escola e cresceram na ignorância, também tornou a *pontuação* sua presa, manipulando-a hoje em dia, em geral, com uma negligência proposital e presunçosa. O que os escrevinhadores realmente pensam fazer é algo difícil de

---

* Há quarenta anos, a varíola levava embora dois quintos das crianças, ou seja, todas as que eram fracas, e deixava apenas as mais fortes, que tinham passado por essa prova de fogo. A vacina protegeu também aquelas. Vejam agora os anões de longas barbas que passam por aí entre as nossas pernas e cujos pais permaneceram em vida unicamente graças à vacina. (N.A.)

** A expressão latina é *Di meliora dent*: que os deuses concedam melhor sorte. (N.T.)

dizer, mas provavelmente essa tolice deve representar uma amável *légèreté* [leveza] à francesa, ou então deve pressupor e registrar uma leviandade da sua concepção da língua. Eles lidam com os símbolos tipográficos de pontuação como se fossem de ouro; desse modo, deixam de lado por exemplo três quartos das vírgulas necessárias (oriente-se quem puder!). Mas, onde devia se encontrar um ponto, há uma vírgula, ou no máximo um ponto e vírgula, e coisas assim. A primeira consequência disso é que se torna necessário ler cada frase duas vezes. Mas é na pontuação que se esconde uma parte da lógica das orações, uma vez que elas são demarcadas por tais sinais; por isso, a negligência intencional em seu uso chega a ser um crime, sobretudo quando ela é praticada, *si Deo placet* [Deus o consente], como ocorre com frequência atualmente, pelos próprios filólogos, inclusive nas edições das obras de escritores antigos, o que dificulta de modo drástico a compreensão delas. Nem mesmo o *Novo Testamento* ficou imune, em suas edições mais recentes. Se a concisão que os senhores buscam, ao tirar letras e contar palavras, visa economizar o tempo do leitor, esse objetivo seria alcançado de modo muito mais eficiente se fosse possível reconhecer imediatamente, por meio da *pontuação* adequada, que palavras pertencem a uma ou outra oração de um período.* É evidente que uma

---

* Professores ginasiais deixam de lado, nos programas de ensino do latim, três quartos das vírgulas, o que torna ainda mais difícil de entender seu latim acidentado. Percebe-se que tais pessoas faceiras se comprazem com isso. Um verdadeiro modelo de pontuação desleixada é o de Plutarco de Sintesis: os sinais de pontuação são quase todos eliminados, como se ele tivesse a intenção de dificultar o entendimento do leitor. (N.A.)

pontuação pouco rigorosa, como a permitida na língua francesa, em função de sua sequência estritamente lógica e por isso lacônica das palavras, ou na inglesa, em função da grande pobreza de sua gramática, não é aplicável a línguas relativamente primordiais, cuja gramática complexa e erudita torna possível frases mais elaboradas, como é o caso da língua grega, da latina e da alemã.*

Para voltar ao assunto que realmente está em questão aqui, à concisão do discurso, à brevidade e pregnância na exposição, trata-se de coisas que só podem vir da riqueza dos pensamentos e da importância de seus conteúdos. Por isso, não precisam nem um pouco daquele corte deplorável de palavras e frases,

---

* Uma vez que pus lado a lado essas três línguas, com todo direito chamo a atenção para o cume daquela pretensiosa vaidade nacional francesa que, há séculos, fornece matéria de riso para toda a Europa: aqui está seu *non plus ultra* [não mais além]. Em 1857 foi publicado, em sua quinta edição, um livro destinado ao uso na universidade: *Notions élementaires de grammaire comparé, pour servir à l'étude des 3 langues classiques, rédigé sur l'invitation du ministre de l'instrution publique, p. Egger, membre de l'institut* etc. etc. [Noções elementares de gramática comparada para servir ao estudo das 3 línguas clássicas, redigido a convite do ministro de instrução pública por Egger, membro do instituto...] E, de fato (*credite posteri!* [Acreditai, ó pósteros!], a terceira língua clássica mencionada é o francês. Trata-se, portanto, do mais miserável jargão românico, da pior mutilação das palavras latinas, essa língua que deveria encarar com respeito temeroso sua irmã mais velha e muito mais nobre, a língua italiana, essa língua que tem como características exclusivas tanto os repulsivos sons nasais *en, on, un*, quanto o soluçante e indizivelmente repulsivo acento na última sílaba, enquanto todas as outras línguas acentuam a penúltima, obtendo um efeito suave e tranquilizador, essa língua em que não há métrica, e apenas a rima, na maioria das vezes em *é* ou *on*, constitui a forma da poesia. Essa língua miserável é apresentada aqui como *langue classique* ao lado do grego e do latim! Convido a Europa inteira a uma vaia geral, para humilhar esses fanfarrões desavergonhados. (N.A.)

que já critiquei aqui como meio para encurtar a expressão. Pois pensamentos decisivos, substanciais, dignos de serem escritos, têm de oferecer matéria e conteúdo suficientes para preencher satisfatoriamente as frases que os expressam, inclusive quanto à perfeição gramatical e lexical de suas partes, de tal maneira que elas não se encontrem em nenhum ponto ocas, vazias ou levianas. Assim, a exposição se mantém concisa e pregnante, enquanto o pensamento encontra nela sua expressão confortável e compreensível, desdobrando-se e movendo-se com graça. Portanto, não devemos reduzir as palavras e as formas linguísticas, mas aumentar os pensamentos; da mesma maneira que um convalescente deverá voltar a vestir suas roupas normais ao recuperar a saúde e o peso, em vez de mandar apertá-las.

§13.

Hoje em dia, neste estágio de decadência da literatura e de desprezo pelas línguas antigas, um erro de estilo que se torna cada vez mais comum, embora só na Alemanha seja algo endêmico, é a sua *subjetividade*. Ela consiste no fato de que basta ao escritor saber o que ele quer e pretende dizer; o leitor que se arranje para acompanhá-lo. Sem se preocupar com isso, ele escreve como se recitasse um monólogo, quando deveria estabelecer um diálogo, e na verdade um diálogo no qual é preciso se expressar de modo ainda mais claro, já que não se ouvem as perguntas do interlocutor. Exatamente por esse motivo, o estilo *não* deve ser subjetivo, mas objetivo; e para tanto é necessário dispor as palavras de maneira que elas forcem o leitor, de imediato, a pensar exatamente o mesmo que o autor pensou. No entanto, só é possível que isso ocorra quando o autor tem sempre em mente que os pensamentos obedecem à lei da gravidade, de modo que o caminho da cabeça para o papel é muito mais fácil do que o caminho do papel para a cabeça, então é preciso ajudá-los no segundo percurso com todos os meios à nossa disposição. Quando o autor age assim, as palavras têm um efeito puramente objetivo, como o de uma pintura a óleo. O estilo subjetivo, por sua vez, não tem um efeito muito mais seguro do que o de manchas na parede, nas quais apenas uma pessoa cuja fantasia por acaso é despertada vê figuras, enquanto os outros só veem manchas. A diferença em questão se estende sobre todo o modo de apresentação, mas com frequência é possível apontá-la também em determinados detalhes. Por exemplo, acabo de ler num livro recente: "Para aumentar a massa dos livros não escrevi". Isso diz o contrário do que o escritor pretendia, além de ser um disparate.

§14.

Quem escreve de maneira displicente confessa com isso, antes de tudo, que ele mesmo não atribui grande valor a seus pensamentos. Pois apenas a partir da convicção da verdade e importância de nossos pensamentos surge o entusiasmo que é exigido para buscar sempre, com incansável perseverança, a expressão mais clara, mais bela e mais vigorosa – da mesma maneira que recipientes de prata e ouro são usados apenas para coisas sagradas ou obras de arte inestimáveis. É por isso que os antigos, cujos pensamentos formulados em suas próprias palavras já sobreviveram por milênios, e que merecem portanto o título honorífico de clássicos, escreveram com todo esmero. Dizem que Platão redigiu a introdução de sua *República* sete vezes, com diversas modificações.

Os alemães, por sua vez, destacam-se diante de outras nações pela displicência tanto no estilo quanto em sua maneira de vestir, e os dois tipos de descuido são provenientes da mesma fonte, que se encontra no caráter nacional. Contudo, assim como o desleixo na maneira de vestir revela o menosprezo pela sociedade na qual uma pessoa se apresenta, um estilo descuidado, negligente e ruim demonstra um menosprezo ofensivo pelo leitor, ao qual este retribui, com todo direito, deixando de ler o que foi escrito. Contudo, o mais engraçado é observar os críticos que escrevem resenhas sobre os livros dos outros no estilo displicente dos escritores assalariados. É como se alguém sentasse no tribunal de pijamas e pantufas. Com que cuidado, em compensação, são redigidos o *Edinbourgh review* e o *Journal des Savants*! Em todo caso, da mesma maneira que tenho restrições a conversar com uma pessoa suja e malvestida, deixarei de lado um livro quando o descuido do estilo me saltar aos olhos.

Até aproximadamente cem anos atrás, sobretudo na Alemanha, os eruditos escreviam em *latim*. Nessa língua, um descuido seria uma vergonha, e além do mais a maioria das pessoas estava empenhada seriamente em escrever com elegância, o que aliás muitos conseguiam. Agora, depois que eles se livraram desses grilhões e obtiveram a grande comodidade de poder escrever em sua língua materna, tão familiar, era de se esperar que se dedicassem a fazê-lo com a maior correção e da maneira mais elegante possível. Foi o que aconteceu na França, na Inglaterra e na Itália. Mas na Alemanha aconteceu o contrário! Eles passaram a rabiscar com pressa o que têm a dizer, como lacaios malpagos, usando as expressões que surgem em suas bocas sujas, sem ter estilo algum, até mesmo sem respeitar a gramática e a lógica, pois empregam em toda parte o pretérito imperfeito no lugar do perfeito e do mais-que-perfeito, o ablativo no lugar do genitivo; em vez de todas as outras preposições, usam sempre *für* [para], que com isso está errada em cinco de cada seis casos; em suma, cometem todas as burrices estilísticas que mencionei nos parágrafos anteriores.

§15.

Conto também, entre as deteriorações da língua, o emprego equivocado e cada vez mais generalizado da palavra *Frauen* [senhoras] em lugar de *Weiber* [mulheres], por meio do qual a língua é, mais uma vez, empobrecida. Pois *Frau* significa *uxor* [esposa], e *Weib*, *mulier* [mulher] (garotas não são, mas querem se tornar *Frauen*), mesmo que essa troca de termos já tenha ocorrido alguma vez no século XIII ou que apenas mais tarde tenha se estabelecido a distinção das duas designações. As mulheres não querem mais ser chamadas de mulheres pelo mesmo motivo que os judeus querem ser chamados de israelitas, os alfaiates, de "fabricantes de roupas", os comerciantes dão a seus locais de trabalho o título de *bureau*, e todo gracejo ou brincadeira quer ser chamado de *humor*, a saber, porque se atribui à palavra algo que não depende dela, mas da coisa designada. Não foi a palavra que levou à desvalorização da coisa, mas o contrário. Com isso, em duzentos anos, os interessados voltarão a exigir a troca das palavras. Todavia, de modo algum a língua alemã deve ser empobrecida por um capricho feminino, perdendo uma palavra. Por conseguinte, a questão não deve ficar a cargo das mulheres e dos literatos insípidos que frequentam suas mesas de chá. Aliás, é preciso considerar que a desordem feminina e o damaísmo na Europa podem nos lançar aos braços do mormonismo.

Além disso, a palavra *Frau* traz consigo algo de *antiquado* e gasto, chegando a soar já como *grau* [grisalho]; portanto *videant mulieres ne quid detrimenti res publica capiat* [cuidem as mulheres para que o Estado não sofra danos].

§16.

Poucos escrevem como um arquiteto constrói: primeiro esboçando o projeto e considerando-o detalhadamente. A maioria escreve da mesma maneira com que jogamos dominó. Nesse jogo, às vezes segundo uma intenção, às vezes por mero acaso, uma peça se encaixa na outra, e o mesmo se dá com o encadeamento e a conexão de suas frases. Alguns sabem apenas de modo aproximado que figura terá o conjunto e aonde chegará o que escrevem. Muitos não sabem nem isso, mas escrevem como os pólipos de corais constroem: uma frase se encaixa em outra frase, encaminhando-se para onde Deus quiser. A vida da "atualidade" é uma grande *galopada*: na literatura ela se manifesta por sua extrema frivolidade e desleixo.

§17.

O princípio condutor da estilística deveria ser o fato de que uma pessoa só pode pensar com clareza *um* pensamento de cada vez; assim, não se pode exigir que pense dois, ou mesmo mais, de uma vez só.

Mas é isso que exige quem introduz orações intermediárias nas lacunas de um período principal, que fica então despedaçado; de uma maneira desnecessária e proposital, confunde-se o leitor. São principalmente os escritores *alemães* que adotam essa construção de frases. O fato de a sua língua ser mais apropriada para isso do que as outras línguas vivas fundamenta a possibilidade, mas não a louvabilidade de tal procedimento. Nenhuma prosa é lida de modo tão leve e agradável quanto a francesa, porque ela em geral está livre desse erro. O francês encadeia seus pensamentos na sequência mais lógica e natural possível, apresentando-os a seu leitor sucessivamente, para uma consideração confortável, de modo que este possa dedicar toda a sua atenção a cada um deles. Em contrapartida, o alemão os interpola uns nos outros em orações entrecruzadas, e cada vez mais entrecruzadas, e mais entrecruzadas ainda, porque quer dizer seis coisas de uma vez só, em vez de expor uma após a outra. Assim, quando deveria se esforçar para obter e manter a atenção de seu leitor, acaba por exigir dele que, contrariando a lei de unidade da apreensão mencionada antes, pense três ou quatro pensamentos diferentes ao mesmo tempo, ou, como isso não é possível, que pense de maneira oscilante, em rápidas vibrações. É assim que o escritor estabelece o fundamento de seu *style empesé*, que aperfeiçoa então por meio de expressões preciosistas e pretensiosas para comunicar as coisas mais simples, entre outros artifícios do gênero.

O verdadeiro caráter nacional dos alemães é a inclinação para o *pesado*: ela se revela em seu modo de andar e de agir, em sua língua, em seu modo de falar, contar histórias, entender e pensar, mas especialmente em seu *estilo* ao escrever. Revela-se no prazer que os alemães sentem com as frases longas, pesadas, entrecruzadas, nas quais a memória aprende sua lição pacientemente, sozinha, durante cinco minutos, até que, na conclusão do período, o entendimento dispare e o enigma seja resolvido. Eles se comprazem com isso, e quando é possível acrescentar uma dose de preciosismo, algo de bombástico e uma "semnoth" [gravidade] afetada, o autor fica realmente deliciado; mas que o céu dê paciência ao leitor.

Em todo caso, essas pessoas se esforçam sobretudo para que a expressão seja o mais indecisa e indefinida possível, de modo que tudo apareça como que sob neblina. O objetivo parece ser, por um lado, deixar aberta uma porta dos fundos para cada frase e, por outro, alimentar a vaidade, dando a impressão de dizer mais do que foi pensado. Mas, em parte, também se encontra na base dessa característica uma verdadeira apatia e sonolência, que são justamente os fatores que tornam odiosa aos estrangeiros toda a escrevinhação dos alemães, porque eles não gostam de tatear no escuro; para nossos compatriotas, contudo, essa atividade parece ser algo inato.*

É à memória que se recorre com tais períodos, enriquecidos por orações subordinadas emaranhadas umas nas outras e recheados, como gansos assados com maças, com essas frases que uma pessoa não pode enfrentar sem antes consultar o relógio. Mas a memória desempenha assim um papel que deveria caber

---

* *Seitens* [da parte de] em lugar de *Seiten* não é alemão. – Em vez de *zeither* [desde então], eles escrevem absurdamente *seither* e usam essa forma cada vez mais em lugar de *seitdem* [desde que]. Será que eu não deveria chamá-los de *asnos*? – Quanto à eufonia e à cacofonia, nossos melhoradores da língua não têm a menor noção dessas coisas. O que eles procuram fazer é, pela eliminação de vogais, amontoar as consoantes de modo cada vez mais denso, produzindo assim palavras cuja pronúncia constitui um exercício repugnante de ver em suas bocas animalescas. *Sundzoll* [*Sundzoll*: nome de um tributo alfandegário que os navios deviam pagar ao governo quando passavam pelo mar Báltico. (N.T.)] Também não conhecem, por não saberem latim, a diferença entre *liquids* [*Liquids*: consoantes líquidas são as que podem ser combinadas com outras, como o "r" e o "l". (N.T.)] e outras consoantes. (N.A.)

ao entendimento e à capacidade de julgar, cuja tarefa acaba sendo dificultada e enfraquecida. Pois períodos desse tipo oferecem ao leitor frases cortadas ao meio, que sua memória deve acumular e conservar, como os pedacinhos de uma carta rasgada, até que aquelas metades sejam completadas pelas que chegarem depois, para só então passarem a fazer sentido. Por conseguinte, ele precisa ler até um certo ponto sem pensar coisa alguma, apenas memorizando as informações todas, com a esperança voltada para o final, que lhe dará alguma luz sobre o que foi lido e possibilitará que tenha algo para pensar. Assim, quem lê recebe muita coisa para decorar, antes de obter algo para entender. É evidente que se trata de um péssimo procedimento e de um abuso da paciência do leitor. Entretanto, a inconfundível preferência das cabeças triviais por essa maneira de escrever se baseia no fato de ela, só após algum tempo e esforço, permitir ao leitor que compreenda algo que, de outro modo, teria compreendido imediatamente. Com isso, produz-se a aparência de que o escritor possui mais profundidade e inteligência do que o leitor. Esse também é, como outros já mencionados, um artifício por meio do qual os escritores medíocres se empenham, de maneira inconsciente e instintiva, para esconder sua pobreza de espírito e aparentar o contrário dela. Sua inventividade na criação de tais recursos chega a ser assombrosa.

Evidentemente, vai contra todo bom-senso atravessar um pensamento com outro, como quando se faz uma cruz de madeira. Todavia, isso acontece à medida que alguém interrompe o que tem a dizer para incluir algo totalmente diferente, entregando aos cuidados do leitor uma frase começada, por hora ainda sem sentido, até que venha seu complemento. É mais ou menos como se um anfitrião desse a seus convidados pratos vazios, com a promessa de que algo virá a ser servido neles. Na verdade, as orações subordinadas entre vírgulas são da mesma família das notas de rodapé e dos parênteses no meio do texto; as três coisas só se diferenciam, no fundo, pelo grau. Se, algumas vezes, Demóstenes e Cícero escreveram períodos interpolados do mesmo tipo, teria sido melhor que não tivessem feito isso.*

O grau mais elevado de despropósito é alcançado por essa construção de frases quando as orações interpoladas não são introduzidas de modo orgânico, mas inseridas com uma interrupção direta de um período. Se é uma impertinência, por exemplo, interromper outras pessoas ao falar, não é menos impertinente interromper a si mesmo, como ocorre numa construção de frase que, já faz alguns anos, todos os péssimos escribas, displicentes, apressados, gananciosos, empregam seis vezes a cada página, com grande prazer. Esse despropósito consiste em – quando possível, deve-se dar a regra e o exemplo ao mesmo tempo – interromper a frase, para emendar outra no meio. Em todo caso, eles não fazem isso por mera preguiça, mas também por burrice, uma vez que

---

* Demóstenes (384-322 a.C.), orador e político ateniense. Marco Túlio Cícero (106-43 a.C.), orador e pensador político romano. (N.T.)

consideram essa construção uma amável *légèreté* [leveza] que anima a exposição. – Apenas em casos raros e particulares esse procedimento pode ser perdoável.

§18.

Na Lógica, com a doutrina dos *juízos analíticos*, já seria possível notar de passagem que, na verdade, esses juízos não devem aparecer numa boa exposição, porque têm um efeito simplório. Esse efeito se destaca, na maioria das vezes, quando se predica o indivíduo com uma qualidade que já pertence ao seu gênero: como, por exemplo, um boi que tinha chifres; ou um médico cuja ocupação era curar doentes, e assim por diante. Portanto, esses juízos só devem ser usados quando é o caso de dar um esclarecimento ou uma definição.

§19.

Comparações são de grande valor, uma vez que remetem uma relação desconhecida a uma conhecida. Também as comparações mais detalhadas, que evoluem para parábolas ou alegorias, são apenas a referência de alguma relação à sua apresentação mais simples, explícita e palpável.

No fundo, toda formação de conceitos se baseia em comparações, já que seu ponto de partida é a compreensão da semelhança e o abandono da dessemelhança nas coisas. Além disso, em última instância, todo *entendimento* propriamente dito consiste numa compreensão de relações (*un saisir de rapports*): mas cada relação será compreendida de maneira mais clara e mais pura quando é reconhecida em casos muito diversificados e entre coisas inteiramente heterogêneas. Assim, enquanto só conheço uma relação num único caso particular, tenho dela apenas um conhecimento individual, portanto apenas intuitivo. Mas, logo que identifico a mesma relação em pelo menos dois casos distintos, tenho um *conceito* de toda a sua *espécie*, portanto um conhecimento mais profundo e mais perfeito.

Justamente porque as comparações são uma alavanca tão poderosa para o conhecimento, a formulação de comparações surpreendentes e ao mesmo tempo apropriadas dá mostras de um entendimento profundo. Em conformidade com isso, Aristóteles diz:

> πολυ δε μέγιστον το μεταφορικον εἶναι· μόνον γαρ τουτο οὔτε παρ' ἄλλου ἐστι λαβειν, εὐφυας τε σημειόν ἐστιν· το γαρ εὐ μεταφέρειν το ὅμοιον φεωρειν ἐστίν: (*at longe maximum est, metaphoricum esse: solum enim hoc neque ab alio licet assumere, et boni ingenii signum est. Bene enim transferre est simile interi*).

> [O mais importante é encontrar metáforas, pois é a única coisa que não se pode aprender de outros e é um sinal de uma natureza engenhosa. Para fazer metáforas é necessário reconhecer a igualdade.]

> *Poética*, XXII.

E também:

> και ἐν φιλοσοφίᾳ το ὅμοιον, και ἐν πολυ διέχουσι, θεωρειν εὐστόχου. (*etiam in*

philosophia simile, vel in longe distantibus, cernere perspicacis est.)

[Na filosofia encontrar semelhança mesmo entre coisas distintas é sinal de perspicácia.]

Retórica, III, 11.

§20.

Como eram grandes e dignos de admiração aqueles espíritos primordiais do gênero humano que, onde quer que tenha sido, inventaram a mais digna de admiração das obras de arte, a *gramática* das línguas, as *partes orationis* [partes da oração], distinguindo e fixando o substantivo, o adjetivo e os pronomes, os gêneros e os casos, os verbos, os tempos e modos, separando com cuidado e sutileza o pretérito imperfeito, o perfeito e o mais-que-perfeito, entre os quais havia ainda, em grego, o aoristo*. E fizeram todas essas distinções com a nobre intenção de obter um órgão material apropriado e suficiente para a expressão plena e digna do pensamento humano, que pudesse captar e reproduzir corretamente toda nuance e toda modulação desse pensamento. Em compensação, observemos nossos atuais melhoradores daquela obra de arte, esses toscos, desajeitados, obtusos aprendizes alemães da corporação de escrevinhadores. Para economizar espaço, eles querem deixar de lado aquelas distinções cuidadosas, como se fossem algo supérfluo, por isso fundem todo o pretérito no imperfeito

---

* Tempo verbal específico da língua grega, usado para ações do passado que não têm uma duração determinada. (N.T.)

e falam usando apenas esse tempo verbal. A seus olhos, os inventores das formas gramaticais elogiados há pouco devem ter sido verdadeiros palermas, incapazes de perceber não só que é possível ter para tudo a mesma medida, como também que o imperfeito podia ser usado como pretérito único e universal. E os gregos, para os quais três pretéritos não eram suficientes, já que acrescentaram ainda dois aoristos, como devem ser considerados tolos por tais homens!* Além do mais, eles têm pressa em cortar fora todos os prefixos, como se fossem excrescências inúteis, e quem puder que entenda o resultado! Partículas lógicas e essenciais como *nur* [só], *wenn* [se], *zwar* [de fato], *und* [e], que teriam esclarecido toda uma frase, são suprimidas por eles para economizar espaço, e o leitor permanece no escuro. No entanto, esse procedimento é bem-recebido por um ou outro escritor, por algum velhaco que tem a intenção de escrever de maneira obscura e difícil de entender, julgando com isso infundir respeito no leitor. Em suma, eles se permitem atrevidamente todo tipo de mutilação gramatical e lexical da língua, para lucrar sílabas. São infinitos os truques mesquinhos de que se servem para, aqui e ali, eliminar uma sílaba, na tola ilusão de conseguir assim concisão e brevidade da expressão. Concisão e brevidade da expressão, meus caros cabeças-tontas, dependem de coisas totalmente diferentes da supressão de sílabas, e exigem qualidades que vocês não compreendem e não possuem. Mas, em geral, além

---

* Pena que nossos geniais melhoradores da língua não viveram entre os gregos antigos: eles teriam destroçado também a gramática grega, fazendo dela uma gramática de hotentotes. (N.A.)

de não sofrerem censuras, tais pessoas são imitadas por um batalhão de asnos ainda maiores do que elas.

O fato de essa suposta melhora da língua ter uma aceitação tão grande, tão geral e quase sem exceções pode ser explicado, uma vez que suprimir sílabas cujo significado não se entende exige um grau de inteligência que mesmo a pessoa mais estúpida possui.

A língua é uma obra de arte e deve ser considerada como tal, portanto *objetivamente*; assim, tudo o que é expresso nela deve seguir regras e corresponder à sua intenção; em cada frase, é preciso que se comprove o que deve ser dito como algo que objetivamente se encontra ali. Desse modo, não se deve considerar a língua apenas *subjetivamente* e, assim, expressar-se de modo precário, na esperança de que o outro venha a adivinhar o que se quer dizer, como fazem aqueles que não designam o caso, expressam todos os pretéritos por meio do imperfeito, deixam de lado os prefixos etc. Que abismo separa os homens que um dia inventaram e distinguiram os tempos e modos verbais e os casos de substantivos e adjetivos daqueles miseráveis que gostariam de jogar tudo isso janela afora, de modo que lhes restasse, ao se expressar com tanta imprecisão, um jargão de hotentotes feito sob medida para eles. Trata-se dos sórdidos desperdiçadores de tinta do período atual de bancarrota da literatura.

A deterioração da língua, a partir dos escritores de jornal, encontra seguidores obedientes e admiradores entre os eruditos, em revistas literárias e livros, quando estes deveriam, no mínimo, tentar indicar outro caminho por meio de seu exemplo contrário, portanto, por meio da manutenção do alemão correto e autêntico. Mas ninguém toma essa atitude, não vejo nenhum deles se opor, não há nenhum que venha em auxílio da língua maltratada pela mais baixa plebe literária. Não, eles vão atrás dos outros como ovelhas, e vão atrás dos asnos. A razão disso é que nenhuma nação possui tão pouca inclinação quanto a alemã para julgar por si mesma (*to judge for themselves*) e, com isso, para *condenar*, mesmo que a vida e a literatura deem pretexto para isso a todo momento. (Em vez disso, os autores alemães pretendem mostrar, com a imitação apressada daquela deterioração descerebrada da língua, que estão "à altura de seu tempo", que não ficaram para trás, mas são escritores que seguem a última moda.) São pessoas sem fel, como os pombos*, mas quem não tem fel não tem entendimento, pois ele gera uma certa acrimônia que, tanto na vida quanto na arte e na literatura, suscita necessariamente e a cada dia a censura e o escárnio íntimos a respeito de milhares de coisas, impedindo-nos justamente de imitá-las.

---

* Dupla referência ao *Evangelho de Mateus*, 10, 16 ("Eu vos envio como ovelhas no meio dos lobos; sede prudentes como as serpentes e simples como as pombas"); e à fala de Hamlet no final da cena 2 do segundo ato da peça de Shakespeare ("tenho sangue de pombo, falta-me o fel/ que a opressão torna amargo..."). (N.T.)

Sobre a leitura e os livros

§1.

A ignorância degrada os homens somente quando se encontra associada à riqueza. O pobre é sujeitado por sua pobreza e necessidade; no seu caso, os trabalhos substituem o saber e ocupam o pensamento. Em contrapartida, os ricos que são ignorantes vivem apenas em função de seus prazeres e se assemelham ao gado, como se pode verificar diariamente. Além disso, ainda devem ser repreendidos por não usarem sua riqueza e ócio para aquilo que lhes conferiria o maior valor.

§2.

Quando lemos, outra pessoa pensa por nós: apenas repetimos seu processo mental, do mesmo modo que um estudante, ao aprender a escrever, refaz com a pena os traços que seu professor fizera a lápis. Quando lemos, somos dispensados em grande parte do trabalho de pensar. É por isso que sentimos um alívio ao passarmos da ocupação com nossos próprios pensamentos para a leitura. No entanto, a nossa cabeça é, durante a leitura, apenas uma arena de pensamentos alheios. Quando eles se retiram, o que resta? Em consequência disso, quem lê muito e quase o dia todo, mas nos intervalos passa o tempo sem pensar nada, perde gradativamente a capacidade de pensar por si mesmo – como alguém que, de tanto cavalgar, acabasse desaprendendo a andar. Mas é este o caso de muitos eruditos: leram até ficarem burros. Pois a leitura contínua, retomada de imediato a cada momento livre, imobiliza o espírito mais do que o trabalho manual contínuo, já que é possível entregar-se a seus próprios pensamentos durante esse trabalho. Assim como uma mola acaba perdendo sua elasticidade pela pressão incessante de outro corpo, o espírito perde a sua pela imposição constante de pensamentos alheios. E, assim como o excesso de alimentação faz mal ao estômago e dessa maneira acaba afetando o corpo todo, também é possível, com excesso de alimento espiritual, sobrecarregar e sufocar o espírito. Pois, quanto mais se lê, menor a quantidade de marcas deixadas no espírito pelo que foi lido: ele se torna como um quadro com muitas coisas escritas sobre as outras. Com isso não se chega à ruminação*: mas é só por meio dela que nos apropriamos do que foi lido, assim como as refeições não nos alimentam quando comemos, e sim quando digerimos. Em contrapartida, se alguém lê continuamente, sem parar para pensar, o que foi lido não cria raízes e se perde em grande parte. Em todo caso, com o alimento espiritual ocorre a mesma coisa que com o corporal: só a quinquagésima parte do que alguém absorve é assimilada, o resto se perde pela transpiração, respiração e, assim por diante.

---

* Sim, o afluxo forte e contínuo do que foi lido recentemente serve apenas para acelerar o esquecimento do que foi apreendido antes. (N.A.)

Além de tudo, os pensamentos postos em papel não passam, em geral, de um vestígio deixado na areia por um passante: vê-se bem o caminho que ele tomou, mas para saber o que ele viu durante o caminho é preciso usar os próprios olhos.

§3.

Nenhuma qualidade literária – como por exemplo a capacidade de persuasão, a riqueza de imagens, o dom da comparação, a ousadia, ou a amargura, ou a concisão, ou a graça, ou a leveza da expressão, ou mesmo a argúcia, os contrastes surpreendentes, o laconismo, a ingenuidade, entre outras – pode ser adquirida pelo simples fato de lermos escritores que possuem tal qualidade. Contudo, se já as possuímos *in potentia*, podemos evocá-las, trazê-las à nossa consciência, podemos ver o uso que é possível fazer delas, podemos ser fortalecidos na inclinação, na disposição para usá-las, podemos julgar o efeito de sua aplicação em exemplos e, assim, aprender a maneira correta de usá-las; e só então possuiremos tais qualidades *in actu*. Essa é a única maneira de a leitura ensinar a escrever, na medida em que ela nos mostra o uso que podemos fazer de nossos próprios dons naturais; portanto, pressupondo sempre a existência destes. Sem eles, não aprendemos coisa alguma pela leitura, a não ser uma forma fria e morta, de modo que não nos tornamos nada mais do que imitadores banais.

§4.

A corporação da vigilância sanitária deveria, no interesse dos olhos, prestar atenção para que o tamanho das letras impressas tivesse um mínimo estabelecido e que não pudesse ser desrespeitado. (Quando eu estava em Veneza, em 1818, numa época em que as autênticas correntinhas venezianas ainda eram fabricadas, disse-me um ourives que os fabricantes da *catena fina** ficavam cegos aos trinta anos.)

§5.

Assim como as camadas da terra conservam as séries das criaturas vivas de épocas passadas, também as prateleiras das bibliotecas conservam em série os erros do passado da maneira como foram expressos; erros que, como aquelas criaturas, eram bem vivos em seu tempo e faziam bastante barulho, mas agora permanecem ali rígidos e petrificados, num local em que apenas os paleontólogos literários os observam.

§6.

Segundo Heródoto, Xerxes chorou ao contemplar seu exército inumerável, pensando que em cem anos nenhum daqueles homens ainda estaria vivo.** Quem não sentiria vontade de chorar, à vista dos grossos

---

* Tipo de corrente produzida pela ourivesaria veneziana. (N.T.)
** Trata-se de uma passagem da *História*, Livro VII, XLVI, de Heródoto, historiador grego do século IV a.C.. (N.T.)

catálogos editoriais, se pensasse que, de todos aqueles livros, já em dez anos não haverá nenhum vivo.

§7.

Ocorre na literatura o mesmo que na vida: para onde quer que alguém se volte, depara-se logo com o incorrigível vulgo da humanidade, que se encontra por toda parte em legiões, enchendo e sujando tudo, como as moscas no verão. Isso explica a quantidade de livros ruins, essa abundante erva daninha da literatura que tira a nutrição do trigo e o sufoca. Pois eles roubam tempo, dinheiro e atenção do público, coisas que pertencem por direito aos bons livros e a seus objetivos nobres, enquanto os livros ruins são escritos exclusivamente com a intenção de ganhar dinheiro ou criar empregos. Nesse caso, eles não são apenas inúteis, mas realmente prejudiciais. Nove décimos de toda a nossa literatura atual não têm nenhum outro objetivo a não ser tirar alguns trocados do bolso do público: para isso, o autor, o editor e o crítico literário compactuam.

Um golpe pior e mais maldoso, porém mais digno de consideração, foi dado pelos literatos, pelos escritores prolixos que fazem da literatura seu ganha-pão, contra o bom gosto e a verdadeira formação da época, possibilitando que eles levem todo o *mundo elegante* na coleira, tornando-o adestrado a *ler* no momento certo, isto é, fazendo todos lerem sempre a mesma coisa, o livro mais recente, a fim de ter um assunto para conversar em seu círculo. Servem a esse objetivo os romances ruins e produtos semelhantes de penas antes renomadas, como as de Spindler, Bulwer, Eugène Sue, entre outros*. Contudo, o que pode ser mais mesquinho do que o destino desse público beletrista que mantém o compromisso de ler sempre a última coisa escrita por cabeças das mais vulgares, por pessoas que escrevem apenas por dinheiro e, por isso mesmo, podem ser encontradas em grande número, enquanto as obras dos espíritos mais raros e elevados de todos os tempos e países são conhecidas apenas de nome! – Em particular a imprensa diária ligada às letras constitui um meio engenhoso de roubar, ao público interessado em estética, o tempo que deveria ser dedicado aos produtos autênticos do gênero, para o bem de sua formação, de modo que esse tempo fique reservado aos remendos diários de obras feitos por cabeças banais.

Como as pessoas leem sempre, em vez dos melhores de todos os tempos, apenas *a última novidade*, os escritores permanecem no círculo estreito das ideias que circulam, e a época afunda cada vez mais em sua própria lama.

Por isso é tão importante, em relação ao nosso hábito de leitura, a arte de *não* ler. Ela consiste na atitude de não escolher para ler o que, a cada momento determinado, constitui a ocupação do grande público; por exemplo, panfletos políticos ou literários, romances, poesias etc., que causam rebuliço justamente naquele momento e chegam a ter várias edições em seu primeiro

---

* Trata-se de três escritores que fizeram sucesso momentaneamente no século XIX: Eugène Sue, pseudônimo de Marie Joseph Sue (1804-1857); Sir Edward G. D. Bulwer-Lython (1803-1873); e Karl Spindler (1796-1855). (N.T.)

e último ano de vida. Basta nos lembrarmos de que, em geral, quem escreve para os tolos encontra sempre um grande público, a fim de que nosso tempo destinado à leitura, que costuma ser escasso, seja voltado exclusivamente para as obras dos grandes espíritos de todos os tempos e povos, para os homens que se destacam em relação ao resto da humanidade e que são apontados como tais pela voz da notoriedade. Apenas esses espíritos realmente educam e formam os demais.

Quanto às obras ruins, nunca se lerá pouco quando se trata delas; quanto às boas, nunca elas serão lidas com frequência excessiva. Livros ruins são veneno intelectual, capaz de fazer definhar o espírito.

Para ler o que é bom uma condição é não ler o que é ruim, pois a vida é curta, o tempo e a energia são limitados.

§8.

Escrevem-se livros ora sobre este, ora sobre aquele grande espírito do passado, e o público os lê, mas não lê os próprios autores dos quais eles tratam. Isso porque o público só quer ler o que acaba de ser impresso, e porque *similis similis gaudet* [o semelhante busca o semelhante], de modo que a indiscrição fútil e insossa de uma cabeça vazia atual lhe parecerá mais homogênea e agradável do que os pensamentos de grandes espíritos. Mas eu agradeço ao destino por ter me conduzido, já na juventude, a um belo epigrama de A. W. Schlegel que desde então se tornou minha estrela guia:

> "Leiam com afinco os antigos, os verdadeiros
> e autênticos antigos: o que os modernos dizem
> sobre eles não significa muito".*

Ah, como uma cabeça banal se parece com outra! Elas realmente foram todas moldadas na mesma forma! A cada uma delas ocorre a mesma ideia na mesma ocasião, e nada além disso! E, ainda por cima, há suas baixas intenções pessoais. A indiscrição sem valor de tais velhacos é lida por um público estúpido, se for publicada hoje, e os grandes espíritos descansam nas prateleiras de livros.

É inacreditável a tolice e a perversidade do público que deixa de ler os espíritos mais nobres e mais raros de cada gênero, de todos os tempos e lugares, para ler as besteiras escritas por cabeças banais que aparecem diariamente, que se espalham a cada ano em grande quantidade, como moscas. E isso apenas porque foram publicadas hoje e sua tinta ainda está fresca. Na verdade, esses produtos deveriam ser abandonados e desprezados já no dia de seu nascimento, como serão após poucos anos, e então para sempre, reduzindo-se a um mero assunto para que se ria dos tempos passados e de suas balelas.

§9.

Em todos os tempos, há duas literaturas que caminham lado a lado, praticamente alheias uma à outra:

---

* *Estudo da Antiguidade*, epigrama publicado pelo poeta e crítico alemão August Wilhelm Schlegel (1767-1845) no *Musenalmanach* de 1802. (N.T.)

uma verdadeira e uma apenas aparente. A primeira se desenvolve até se tornar uma *literatura duradoura*. Feita por gente que vive *para* a ciência ou a poesia, segue seu caminho com seriedade e tranquilidade, mas de maneira extremamente lenta, produzindo na Europa pouco mais de uma dúzia de obras no século, obras que todavia *permanecem*. A segunda, feita por gente que vive *da* ciência ou da poesia, segue a galope, sob grande estardalhaço e balbúrdia dos participantes, trazendo muitos milhares de obras para o mercado a cada ano. Contudo, poucos anos depois nos perguntamos onde elas estão, onde foi parar sua fama tão prematura e ruidosa. Assim, é possível designar essa literatura como passageira e a outra como permanente.

§10.

Seria bom comprar livros se fosse possível comprar, junto com eles, o tempo para lê-los, mas é comum confundir a compra dos livros com a assimilação de seu conteúdo.

Exigir que alguém tivesse guardado tudo aquilo que já leu é o mesmo que exigir que ele ainda carregasse tudo aquilo que já comeu. Ele viveu do alimento corporalmente e do que leu, espiritualmente, e foi assim que se tornou o que é. Mas, da mesma maneira que o corpo assimila o que lhe é homogêneo, o espírito *guarda* o que lhe *interessa*, ou seja, o que diz respeito a seu sistema de pensamentos ou o que se adapta a suas finalidades. Certamente todos têm as suas finalidades, mas poucas são as pessoas que possuem algo semelhante a um sistema de pensamentos, de modo que não é um interesse objetivo que os move, e é esse o motivo pelo qual nada do que leem é assimilado e eles não conservam coisa alguma.

Repetitio est mater studiorum [A repetição é a mãe do estudo]. Cada livro importante deve ser lido, de imediato, duas vezes, em parte porque as coisas são melhor compreendidas na segunda vez, em seu contexto, e o início é entendido corretamente quando se conhece o final; em parte porque, na segunda vez, cada passagem é acompanhada com outra disposição e com outro humor, diferentes dos da primeira, de modo que a impressão se altera, como quando um objeto é observado sob uma luz diversa.

As *obras* são a *quintessência* de um espírito: em consequência disso, por maior que seja o espírito, elas terão sempre uma riqueza de conteúdo maior do que a possibilitada pelo contato com o autor e substituirão sua companhia no que é essencial, aliás, na verdade a superam de longe e a deixam para trás. Até os escritos de uma cabeça mediana podem ser instrutivos, divertidos e dignos de leitura, exatamente porque são a quintessência, o resultado, o fruto de todo o seu pensamento e estudo, enquanto sua companhia não nos poderia satisfazer. Isso explica por que é possível ler livros de pessoas em cuja companhia não encontraríamos nenhuma satisfação, e também é por esse motivo que a cultura espiritual elevada nos leva gradativamente a encontrar prazer apenas nos livros, não mais nos homens.

Não há nenhum conforto maior para o espírito do que a leitura dos clássicos antigos: logo que uma pessoa tem em mãos qualquer um deles, mesmo que seja por meia hora, sente-se imediatamente renovado, aliviado, purificado, elevado e fortalecido; é como se tivesse bebido de uma fonte de água fresca em meio aos rochedos. Será que essa impressão se deve às línguas antigas e à sua perfeição? Ou à grandeza dos espíritos cujas obras sobreviveram aos milênios, intactas, sem perder seu vigor? Talvez aos dois fatores ao mesmo tempo. Mas de uma coisa eu sei: se o ensino das línguas antigas um dia chegar ao fim, como há o risco de acontecer agora, surgirá uma nova literatura, constituída de escritos tão bárbaros, rasos e sem valor como nunca se viu. Ainda mais quando a língua alemã, que de fato possui algumas das perfeições das antigas, é dilapidada e maltratada de modo apressado e metódico pelos escribas sem valor da "atualidade", de tal maneira que ela se transforma gradativamente, empobrecida e aleijada, num miserável jargão.

Há *duas histórias*: a *política* e a da *literatura* e da arte. A primeira é a história da *vontade*, a segunda, a do *intelecto*. É por isso que a primeira geralmente é angustiante, mesmo terrível: medo, necessidade, engano e assassinatos horríveis, em massa. A outra, em contrapartida, é agradável e jovial, assim como o intelecto isolado, mesmo quando descreve erros e descaminhos. Seu ramo principal é a história da filosofia. Na verdade, esta constitui seu baixo fundamental, que ressoa até mesmo na outra história e conduz a opinião a partir de seu fundamento, mas é a opinião que governa o mundo. Assim, a filosofia também é, entendida em seu sentido próprio, o mais poderoso poder material, embora seu efeito seja muito lento.

§11.

Na história universal, meio século é sempre um período de tempo considerável, porque sua matéria passa sem cessar; contudo, há sempre algo que se destaca. Na história da literatura, no entanto, o mesmo período de tempo não costuma significar nada, porque coisa alguma aconteceu: as tentativas canhestras não importam. Portanto, continua-se na mesma situação em que se estava cinquenta anos antes.

Para esclarecer isso basta pensar nos avanços do conhecimento por parte da espécie humana segundo a imagem de uma órbita planetária. Assim é possível representar por meio de epiciclos ptolomaicos os descaminhos que costumam ocorrer após cada avanço significativo, de modo que a espécie humana se encontra de novo, depois de passar por esses epiciclos, na mesma situação em que estava antes da ocorrência dele. Contudo, as grandes cabeças que realmente levam adiante a espécie naquela órbita planetária não acompanham, em cada caso, o movimento do epiciclo correspondente. Isso explica porque o reconhecimento pela posteridade costuma ser pago com a perda de aplauso por parte dos contemporâneos, e vice-versa.

Um desses epiciclos é, por exemplo, a filosofia de Fichte e Schelling, por fim coroado pela caricatura hegeliana delas. Esse epiciclo partia da linha circular levada adiante por Kant até o ponto em que, posteriormente, eu a retomei para fazê-la avançar, mas no intervalo os pseudofilósofos mencionados antes, e mais alguns outros, percorreram seu epiciclo, que agora acaba de se completar; assim, o público que os seguiu percebe que se encontra exatamente no ponto do qual partira.

Está relacionado a esse modo de progressão das coisas o fato de vermos, a cada trinta anos, o espírito científico, literário e artístico da época declarar falência. Pois, nesse período de tempo, os respectivos erros e descaminhos se acumularam tanto que desabam sobre o peso de sua absurdidade, e ao mesmo tempo a oposição em relação a eles se fortalece. Nesse momento, ocorre uma mudança, só que com frequência ela é seguida por um erro na direção oposta. Mostrar esse andamento das coisas em seu retorno periódico seria o verdadeiro conteúdo pragmático da história literária, entretanto ela não pensa muito a respeito do assunto. Além do mais, em função da relativa brevidade e de tais períodos, costuma ser difícil reunir os dados correspondentes a épocas afastadas no tempo, por isso é mais confortável observar a situação em sua própria época.

Se fosse preciso acrescentar um exemplo tirado das ciências positivas, seria possível mencionar a geologia netunista de Werner*. Todavia, atenho-me ao exemplo mencionado anteriormente, pois ele é mais próximo de nós. Ao brilhante período de Kant sucedeu imediatamente, na filosofia alemã, outro período, no qual os autores não se esforçaram para convencer, mas para impressionar; não buscaram ser precisos e claros, mas brilhantes e hiperbólicos, ou até mesmo incompreensíveis; não a fim de procurar a verdade, mas a fim de fazer intrigas. Com isso, a filosofia não podia fazer nenhum progresso. Finalmente, chegou a

---

* Abraham Gottlob Werner (1749-1817), geólogo alemão. (N.T.)

falência de toda essa escola e método. Pois, com Hegel e seus companheiros, a insolência desses rascunhos sem sentido, por um lado, e a glorificação mútua sem escrúpulos, por outro, junto à evidente premeditação de todo esse movimento bem-planejado, alcançaram proporções tão colossais, que todos tiveram de abrir os olhos para essa charlatanice. E, quando foi retirada a proteção que vinha de cima, em consequência de certas revelações, todos tiveram de abrir também as bocas. Essa pseudofilosofia, a mais miserável que já existiu, arrastou consigo para o abismo do descrédito seus antecessores Fichte e Schelling. Assim, ficou evidente toda a incompetência filosófica na Alemanha da primeira metade do século posterior a Kant, enquanto se continuava a vangloriar para os estrangeiros o talento filosófico dos alemães – especialmente desde que um escritor inglês usou a maliciosa ironia de chamá-los um povo de pensadores.

Quem quiser confirmar o esquema geral dos epiciclos exposto aqui com exemplos da história da arte precisa apenas observar a escola de escultura de Bernini,* que floresceu ainda no século passado, e especialmente seu desdobramento francês. Essa escola buscava representar, em vez da beleza antiga, a natureza comum; em vez da simplicidade e graça dos antigos, o decoro do minueto francês. Ela foi arruinada quando, após as reprovações de Winckelmann,** seguiu-se o retorno à escola dos antigos.

---

* Gian Lorenzo Bernini (1598-1680), escultor italiano. (N.T.)

** Johann Joachim Winckelmann (1717-1768), arqueólogo e historiador da arte alemão, critica a escola de Bernini em seu livro *Reflexões sobre a imitação das obras gregas na pintura e na escultura*. (N.T.)

Um exemplo da pintura é oferecido pelo primeiro quarto deste século, no qual a arte era considerada meramente um meio e um instrumento de uma religiosidade medieval, e com isso os únicos temas escolhidos eram os da igreja. Mas, nesse caso, eles eram elaborados por pintores aos quais faltava a verdadeira seriedade da fé e, todavia, em seu delírio, tomavam como modelo Francesco Francia, Pietro Prugino, Angelico de Fiesole, entre outros, e os consideravam superiores aos verdadeiros grandes mestres que os sucederam. Considerando essa aberração, e porque um esforço análogo tinha ocorrido ao mesmo tempo na poesia, Goethe escreveu a parábola "Representação do padre".* Após o reconhecimento de que essa escola também se baseava em ilusões, ela entrou em decadência, seguindo-se a ela o retorno à natureza que se manifestava em quadros de gênero e todos os tipos de cenas de vida, num tipo de pintura que por vezes se perde em obras vulgares.

Correspondendo ao desenvolvimento dos avanços humanos descrito, a *história literária* é, em grande parte, o catálogo de um museu de criaturas que nasceram deformadas. O formol em que elas são conservadas por mais tempo é o pergaminho. Em contrapartida, as poucas criaturas bem-formadas não precisam ser procuradas ali: elas permaneceram vivas e podem ser encontradas em qualquer lugar do mundo, por onde circulam como imortais, eternamente no frescor da juventude. Apenas elas constituem a *verdadeira* literatura,

---

* O nome do poema de Goethe em alemão é *Pfaffespiel*. O termo *Pfaffe* tem um sentido pejorativo e pode ser traduzido por "padreco". (N.T.)

mencionada no item anterior, cuja história com escassos personagens aprendemos desde cedo, da boca de todos os homens cultos, e não só quando lemos compêndios. – Contra a atual monomania dominante de ler histórias da literatura sem conhecer nada diretamente, aconselho uma passagem de Lichtenberg muito digna se ser lida, volume II, página 302 da antiga edição.*

---

* A passagem de Lichtenberg a que Schopenhauer se refere é a seguinte: "Acredito que, em nossos dias, cultiva-se de modo excessivamente minucioso a história das ciências, com uma grande desvantagem para a própria ciência. Trata-se de algo agradável de se ler, e no entanto, mesmo que não deixe a cabeça inteiramente vazia, no mínimo a deixa destituída de força real exatamente porque a enche demais. Quem, ao menos uma vez, sentiu o impulso não de encher a cabeça, mas de fortalecer a inteligência, de desenvolver as faculdades e as aptidões, de tornar mais ampla a própria capacidade, deve ter descoberto que não há nada mais debilitante do que uma conversa com alguém conhecido como historiador da ciência, ou seja, uma pessoa que não deu sua contribuição pessoal a essa ciência e, contudo, conhece milhares de pequenos dados histórico-literários acerca dela. É como dar um livro de culinária a alguém com muita fome. Também acho que a chamada história literária nunca terá êxito entre os homens que pensam, que são conscientes do seu próprio valor e do valor da ciência autêntica. Esses homens preferem refletir a ter o trabalho de saber como os outros refletiram. O mais triste em tudo isso é constatar que, quanto mais cresce o gosto pelas pesquisas literárias numa ciência, diminui proporcionalmente a energia usada para ampliar a própria ciência; a única coisa que aumenta é o orgulho de possuí-la. As pessoas acreditam que a possuem mais do que quem de fato a possui. Com certeza tem fundamento a observação de que a verdadeira ciência nunca deixa seu possuidor orgulhoso. Quem se enche de orgulho são apenas aqueles que, sendo incapazes de desenvolver a ciência em si, dedicam-se a descrever seus pontos obscuros e sabem contar tudo o que os outros fizeram, pois consideram essa ocupação, em grande parte mecânica, um exercício da própria ciência. Seria possível dar exemplos disso, mas esta seria uma tarefa odiosa demais". *Vermischte Schriften*, Göttingen, 1801. (N.T.)

Gostaria que alguém tentasse escrever um dia uma *história trágica da literatura*, na qual expusesse como as diferentes nações, cada uma das quais deposita seu maior orgulho nos grandes escritores e artistas que tem a exibir, trataram esses homens durante suas vidas. Assim, o autor poria diante dos nossos olhos aquela interminável batalha travada pelo que é bom e autêntico, em todos os tempos e países, contra o domínio do que é deturpado e ruim; descreveria o martírio de quase todos os verdadeiros iluminados da humanidade, de quase todos os grandes mestres em cada disciplina e em cada arte; mostraria como eles, com poucas exceções, sofreram na pobreza e na miséria, sem reconhecimento, sem apreço, sem alunos, enquanto a fama, a honra e a riqueza eram reservadas aos indignos em cada área. Sua sorte foi a mesma de Esaú, que foi substituído, enquanto caçava para levar comida para o pai, por Jacó, vestido com suas roupas, para roubar em casa a bênção paterna. Como, apesar de tudo, o amor à sua causa manteve os educadores da espécie humana em seu caminho até que terminasse sua difícil batalha, o laurel imortal lhes foi concedido e chegou enfim a hora em que se pode dizer a seu respeito:

> "A pesada couraça ganha asas,
> Curta é a dor, eterna a alegria".*

---

* Trata-se dos últimos versos da peça *A donzela de Orleans*, de Schiller. Ato V, Cena XIV. "*Der schwere Panzer wird zum Fügelkleide, / Kurz ist der Schmerz, und ewig ist die Freude.*" (N.T.)

Sobre a linguagem e as palavras

§1.

A voz dos animais serve unicamente para expressar a *vontade*, em suas excitações e movimentos, mas a voz humana também serve para expressar o *conhecimento*. É por isso que os sons feitos pelos animais quase sempre nos causam uma impressão desagradável, com exceção de algumas vozes de pássaros.

Na origem da linguagem humana se encontram certamente, em primeiro lugar, as *interjeições*, com as quais não se expressam conceitos, mas sentimentos, movimentos da vontade, assim como nos sons dos animais. Logo depois apareceram diversas espécies de interjeições e, a partir dessa diversidade, ocorreu a passagem para os substantivos, verbos, pronomes pessoais, e assim por diante.

A palavra dos homens é o material mais duradouro. Se um poeta deu corpo à sua sensação passageira com as palavras mais apropriadas, aquela sensação vive através de séculos nessas palavras e é despertada novamente em cada leitor receptivo.

§2.

Sabemos que, do ponto de vista gramatical, quanto mais antigas as línguas, mais perfeitas elas são, e pouco a pouco ocorre uma piora – partindo da elevação do sânscrito até a baixeza do jargão do inglês, esse traje malremendado de pensamento, feito com retalhos de tecidos heterogêneos. Essa degradação gradual é um argumento considerável contra as teorias muito apreciadas de nossos insípidos e risonhos otimistas, que defendem o "permanente progresso da humanidade para um estágio melhor", em nome do qual gostariam de inverter a história deplorável da espécie bípede; em todo caso, trata-se de um problema difícil de resolver. Apesar de tudo, não podemos deixar de pensar que a raça humana primordial, proveniente de algum modo do seio da natureza, encontrava-se num estado de total e infantil ignorância, sendo consequentemente rudimentar e desamparada. Mesmo admitindo que o tesouro lexical das línguas foi reunido aos poucos, como aquela raça foi capaz de imaginar o edifício extremamente engenhoso das línguas, as formas múltiplas e complicadas da gramática? Por outro lado, verificamos em toda parte que os descendentes se mantêm fiéis à língua de seus antepassados e introduzem, pouco a pouco, apenas pequenas alterações. Mas a experiência não ensina que, na sucessão das gerações, as línguas se aperfeiçoam do ponto de vista gramatical, e sim, como foi dito, justamente o oposto, ou seja, que elas se tornam cada vez piores e mais simples.

No entanto, talvez devêssemos supor que a vida da língua é igual à de uma planta que, a partir de uma semente simples, um rebento discreto, desenvolve-se pouco a pouco, alcança seu ponto culminante e então decai lentamente à medida que envelhece. Nesse caso, só teríamos conhecimento dessa decadência, mas não do crescimento anterior. Trata-se de uma hipótese meramente ilustrativa, de uma comparação, não de uma explicação! Para obter um esclarecimento, o que me parece mais plausível é a suposição de que o homem inventou a linguagem *instintivamente*, uma vez que há nele, desde sua origem, um instinto por meio do qual, sem reflexão ou intenção consciente, produz os instrumentos e órgãos indispensáveis para o uso de sua razão. Mais tarde, com o passar das gerações, quando a linguagem passou a existir, esse instinto se perde gradativamente por falta de uso. Todavia, já que todas as obras produzidas apenas pelo instinto – por exemplo as construções das abelhas, das vespas, dos castores, os ninhos dos pássaros feitos em formas tão variadas e sempre apropriadas – possuem uma perfeição que lhes é peculiar, pois correspondem precisamente às exigências de seus objetivos, admiramos a profunda sabedoria que há nelas. É esse o caso da primeira língua, da língua original: ela possuía a elevada perfeição de todas as obras do instinto. Buscar os vestígios dessa perfeição para trazê-la à luz da reflexão e à clareza da consciência é a obra da gramática, que só surgiu milênios depois.

§3.

O aprendizado de várias línguas não é apenas um meio de formação espiritual indireto, mas também um meio direto, profundamente eficiente. Por isso a frase de Carlos V: "Quantas línguas alguém fala, tantas vezes ele é um homem".* (*Quot linguas quis callet, tot homines valet.*)

Essa questão se baseia no seguinte:

Não se encontra, para cada palavra de uma língua, um equivalente exato em todas as outras línguas. Portanto, nem todos os conceitos designados pelas palavras de uma língua são exatamente os mesmos que as palavras das outras expressam, por mais que essa identidade se verifique na maior parte dos casos, às vezes de um modo notavelmente preciso, como por exemplo com σύλληψις e *conceptio*, *Schneider* [alfaiate] e *tailleur*.** Mas com frequência se trata apenas de conceitos semelhantes e aparentados, que podem ser diferenciados por alguma modificação de sentido. Os seguintes exemplos servem, no momento, para esclarecer o que quero dizer:

>   ἀπαίδευτος *rudis*, *roh* [rude].
>   ὁρμή, *impetus*, *Andrang* [impulso].
>   μηχανή, *Mittel* [meio], *medium*.
>   *seccatore*, *Quälgeist* [importuno], *importun*.
>   *ingénieux*, *sinnreich* [engenhoso], *clever*.
>   *Geist* [espírito], *esprit*, *wit*.
>   *Witzig* [divertido], *facetus*, *plaisant*.
>   *Malice*, *Bosheit* [malícia], *wickedeness*.

---

* Carlos V (1500-1558), imperador do Sacro Império Romano. (N.T.)

** Do ponto de vista de sua formação, há uma correspondência exata da palavra grega *sullhyi* ("compreensão" ou "concepção") com a palavra latina *conceptio*, e tanto o termo alemão *Schneider* quanto o francês *tailleur* vêm do verbo cortar (*schneiden*, *tailler*). Schopenhauer recorrerá a vários exemplos de palavras estrangeiras para ilustrar sua teoria acerca das línguas. (N.T.)

A esses exemplos seria possível acrescentar inúmeros outros, com certeza ainda mais apropriados. Simbolizando com círculos os conceitos, como é comum na Lógica, seria possível expressar de modo aproximado essa quase identidade por meio de círculos que chegam perto de cobrir uns aos outros, todavia não são inteiramente concêntricos, assim:

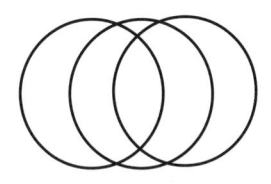

Às vezes falta em uma língua a palavra para um conceito, embora ela se encontre na maioria das outras, ou mesmo em todas: um exemplo extremamente escandaloso disso é oferecido, no francês, pela ausência do verbo "estar". Para alguns conceitos, por outro lado, só é possível encontrar a palavra em *uma* língua, de modo que essa palavra passa logo às outras línguas, como é o caso do termo latino *afectus*, do francês *naïf*, dos ingleses *comfortable*, *disappointment*, *gentleman*, e muitos outros*. Às vezes ocorre também que uma língua estrangeira expresse um conceito com uma sutileza que a nossa própria língua não lhe dá, de modo que o pensamos apenas naquela língua com tal sutileza. Com isso, cada pessoa que busca uma expressão exata

---

* As palavras citadas passaram para a língua alemã, às vezes mantendo a grafia original, como no caso de *Gentleman*, às vezes com uma grafia modificada, como no caso de *Affekt* e *komfortabel*. (N.T.)

de seu pensamento usará a palavra estrangeira, sem se importar com a algazarra dos puristas pedantes. Em todos esses casos, não é exatamente o mesmo conceito que determinada palavra de uma língua designa, em comparação com outra língua, e o dicionário oferece diversas expressões aparentadas que se aproximam do significado, só que não de modo concêntrico, mas em várias direções como na figura precedente, estabelecendo assim as fronteiras entre as quais esse significado se encontra. Por exemplo, a palavra latina *honestum* é circunscrita em alemão pelos termos *wohlständig* [decente], *ehrenwert* [honesto], *ehrenvoll* [honroso], *ansehnlich* [digno], *tugendhaft* [virtuoso] etc., e o termo grego σωφρων pode ser circunscrito de modo análogo.*
É por isso que todas as traduções são necessariamente imperfeitas. Quase nunca é possível traduzir de uma língua para outra qualquer frase ou expressão característica, marcante, significativa de tal maneira que ela produza exata e perfeitamente o mesmo efeito.

Poemas não podem ser *traduzidos*, mas apenas recriados poeticamente; e o resultado é sempre duvidoso. Mesmo na prosa as melhores traduções chegam, no máximo, a ter com o original uma relação semelhante à que se estabelece entre uma certa peça musical e sua transposição para outro tom. Aqueles que entendem de música sabem do que se trata.

Por isso, toda tradução é uma obra morta, e seu estilo é forçado, rígido, sem naturalidade; ou então

---

* A palavra grega σωφροσυνη [normalmente traduzida por "moderação" em português (N.T.)] não tem um equivalente exato em nenhuma língua. (N.A.)

se trata de uma tradução livre, isto é, que se contenta com um *à peu près*, sendo portanto falsa. Uma biblioteca de traduções é como uma galeria de arte que só expõe cópias. E, quanto às traduções dos escritores da Antiguidade, elas são um sucedâneo de suas obras assim como o café de chicória é um sucedâneo do verdadeiro café.

De acordo com tudo que foi dito, quando se aprende uma língua, a dificuldade consiste sobretudo em reconhecer cada conceito para o qual essa língua tem uma palavra, mesmo que a própria língua de quem aprende não possua nenhuma palavra que corresponda com exatidão a tal conceito, o que ocorre com frequência. Por isso, quando alguém aprende uma língua estrangeira, precisa delimitar várias esferas inteiramente novas de conceitos em seu espírito, desse modo surgem esferas de conceitos onde antes não havia nenhuma. Portanto, não aprendemos palavras apenas, mas adquirimos conceitos. É esse o caso sobretudo no aprendizado das línguas antigas, porque o modo de expressão dos antigos difere muito do nosso, e essa diferença é bem maior do que a existente entre duas línguas modernas. Isso pode ser demonstrado pela necessidade, quando se traduz para o latim, de recorrer a locuções muito diversas daquelas que estão no original. De fato, na maioria das vezes, é preciso fundir e remodelar inteiramente o pensamento que deve ser reproduzido em latim, de modo que ele é decomposto em seus elementos derradeiros e depois recomposto. Justamente nesse ponto se encontra o grande proveito que o espírito tira do aprendizado das línguas antigas.

Primeiro é preciso compreender corretamente todos os conceitos que a língua a ser aprendida designa com suas palavras e, a cada palavra dessa língua, pensar imediatamente no conceito exato correspondente, sem traduzir primeiro a palavra por uma da língua materna, para depois pensar no conceito designado pela tradução. Pois nem sempre o segundo conceito corresponde com exatidão ao primeiro, e o mesmo pode ser dito em referência a frases inteiras. Só assim se compreende o espírito da língua a ser aprendida, dando-se com isso um grande passo para o conhecimento da nação que fala essa língua, porque a língua é, para o espírito de uma nação, o que o estilo é para o espírito de um indivíduo.* Mas o domínio perfeito de uma língua só ocorre quando uma pessoa é capaz de traduzir não os livros, por exemplo, mas *a si própria*; desse modo, sem sofrer nenhuma perda de sua individualidade, ela consegue se comunicar imediatamente na outra língua, agradando tanto aos estrangeiros quanto aos falantes nativos.

Pessoas pouco capazes também não assimilarão com facilidade uma língua estrangeira: elas chegam a aprender as palavras da língua, no entanto sempre as empregam no sentido do equivalente aproximado que existe em sua língua materna e só decoram as locuções e frases características desta. Não conseguem se apropriar do *espírito* da língua estrangeira, o que se deve,

---

* Dominar realmente várias novas línguas e lê-las com facilidade é um meio de se livrar das limitações nacionais que, de outro modo, ficam marcadas em cada pessoa. (N.A.)

na verdade, ao fato de que seu pensamento não se vale de meios próprios, mas é emprestado em sua maior parte da língua materna, cujas frases e locuções habituais tomam o lugar de pensamentos próprios. É por isso que, mesmo em sua própria língua, essas pessoas costumam usar apenas expressões idiomáticas gastas (*hackney'd phrases, phrases banales*) e, mesmo assim, são tão inábeis em combiná-las que se percebe logo a falta de consciência que têm do sentido dessas expressões. Todo o seu pensamento não vai muito além das palavras, de modo que se reduz quase inteiramente a uma tagarelice de papagaios. Pelo motivo oposto, a originalidade das expressões e a adequação individual de cada uma das que certa pessoa usa são sintomas infalíveis de um espírito superior.

De tudo isso se pode tirar as seguintes conclusões: no aprendizado de cada língua estrangeira formam-se novos conceitos para dar sentido a novos signos; distinguem-se certos conceitos que antes constituíam juntos um conceito mais amplo, portanto mais indeterminado, exatamente porque só havia *uma* palavra para eles; relações que não eram conhecidas até então são descobertas, porque a língua estrangeira designa o conceito por meio de um *tropus* ou metáfora que lhe é peculiar. Assim, mediante a língua aprendida, toma-se consciência de uma quantidade infinita de sutilezas, semelhanças, diferenças, relações entre as coisas. Nosso pensamento ganha, com o aprendizado de cada língua, uma nova modificação e tonalidade, de modo que o poliglotismo, além de ter várias utilidades *indiretas*, é também um *meio direto de formação* espiritual, pois aperfeiçoa e corrige nossas apreciações com a introdução da pluralidade e das sutilezas dos conceitos, aumentando também a flexibilidade do pensamento à medida que o conceito se torna cada vez mais livre da palavra com o aprendizado de várias línguas. As línguas antigas levam a isso, muito mais do que as modernas, em função de sua grande diferença em relação às nossas, o que não nos permite reproduzi-las palavra por palavra, mas exige que façamos uma fusão de todo o nosso pensamento e o moldemos em outra forma. (Esse é um dos muitos motivos da importância do aprendizado de línguas antigas.) Ou, permitindo-me uma metáfora química, enquanto a tradução de determinada língua moderna para outras chega no máximo a exigir que a frase a ser traduzida seja decomposta em seus elementos *mais próximos*, depois recomposta a partir deles, a tradução para o latim costuma impor uma decomposição em seus elementos mais distantes e *derradeiros* (o conteúdo puro do pensamento), a partir dos quais ela é composta numa forma inteiramente diferente. Assim, por exemplo, o que era expresso com substantivos agora é expresso com verbos, ou vice-versa. O mesmo processo se dá na tradução de línguas antigas para as modernas, o que demonstra o quanto a familiaridade com os autores antigos está distante quando nos contentamos com tais traduções.

A vantagem do estudo das línguas era algo que faltava aos gregos. Com certeza eles economizaram muito tempo com isso, mas o empregavam de modo pouco econômico, como testemunha a longa permanência dos homens livres na αγορα, costume que chega a lembrar os *lazzaroni* e a tendência dos italianos de permanecer *in piazza*.

Enfim, a partir do que foi dito, percebe-se facilmente que a imitação do estilo dos antigos em suas próprias línguas, que ultrapassam de longe as nossas em termos de perfeição gramatical, é o melhor meio de se preparar para uma expressão ágil e perfeita dos pensamentos na língua materna. Para alguém se tornar um grande escritor isso é indispensável, da mesma maneira que, para os pintores e escultores principiantes, é necessário formar-se imitando o modelo da Antiguidade, antes de passar a uma composição própria. Só escrevendo em latim se aprende a dicção como uma obra de arte, cuja matéria é a língua, que por isso precisa ser tratada com o maior cuidado e a maior delicadeza. A partir de então se dedica atenção mais aguçada ao significado e ao valor das palavras, ao seu conjunto e às formas gramaticais; aprende-se a pesar essas coisas com exatidão e, assim, a manejar o precioso material apropriado a servir para expressão e conservação de pensamentos valiosos. Aprende-se a ter respeito pela língua em que se escreve, de modo que ela não seja usada e modificada com arbitrariedade e capricho. Sem essa escola preparatória, a escrita degenera facilmente em mera verborragia.

A pessoa que *não sabe latim* é semelhante àquela que se encontra numa bela região em tempo nublado: seu horizonte é extremamente limitado, ela só vê com clareza o que está próximo, e tudo o que se encontra poucos passos além se perde no indeterminado. Em contrapartida, o horizonte do latinista é muito amplo, abrangendo os séculos mais recentes, a Idade Média, a Antiguidade. – O grego ou o sânscrito com certeza ampliam o horizonte consideravelmente mais. – Quem não sabe latim pertence ao *vulgo*, mesmo que seja um grande virtuoso no campo da maquinaria elétrica ou que tenha, em seu cadinho, o radical do ácido de flúor.

Os escritores que não sabem latim não passarão, em pouco tempo, de fanfarrões aprendizes de barbeiro. Já percorreram boa parte desse caminho com seus galicismos e suas locuções pretensamente fáceis. Foi para a vulgaridade, nobres germanos, que vocês se voltaram, e é a vulgaridade que encontrarão.

Uma verdadeira insígnia da preguiça e um viveiro da ignorância são, atualmente, as edições de autores gregos, ou mesmo (*horribile dictu* [horrível de ser contado]) latinos, que os editores tiveram a ousadia de trazer à luz com notas *em alemão*! Que infâmia! Como o aluno deve aprender latim quando se fala sempre em sua língua materna? Por isso *in schola nil nisi latine* [na escola não se fala nada além de latim] era uma boa e velha regra. O fato de o Senhor Professor não ser mais capaz de escrever em latim com facilidade e o aluno não conseguir ler essa língua é o lado humorístico da questão. A preguiça e sua filha ignorância estão por trás disso. É uma vergonha! Um não *aprendeu* nada, o outro não *quer aprender* nada. Fumar charutos e falar sobre política são atividades que substituíram, em nossos dias, a erudição, assim como os livros ilustrados para crianças grandes substituíram as revistas literárias.

§4.

Os franceses, inclusive os acadêmicos, lidam de maneira vergonhosa com a língua grega: adotam palavras dela para desfigurá-las. Eles escrevem, por exemplo, *Etiologie, Estétique* e assim por diante, quando é justamente apenas em francês que o *ai* é pronunciado da mesma maneira que em grego. Escrevem ainda *bradype, Oedipe, Andromaque* etc., ou seja, escrevem as palavras gregas como um jovem francês do campo as escreveria se as tivesse ouvido de passagem da boca de um estrangeiro. Seria uma gentileza se os eruditos franceses pelo menos se comportassem como se fossem capazes de entender o grego. Agora, ver a nobre língua grega maltratada de modo insolente, em função de um jargão tão medonho como é o francês considerado em sua essência (esse italiano deformado da maneira mais repugnante, com as longas sílabas finais atrozes e a pronúncia nasal), é um espetáculo como o de um colibri sendo devorado por uma grande aranha das Índias Ocidentais, ou de uma borboleta sendo engolida por um sapo.

Como os Senhores da Academia sempre se tratam reciprocamente pelo título de *mon illustre confrère*, tratamento que causa ótima impressão, sobretudo de longe, peço aos *illustres confrères* que considerem esta questão: ou deixam a língua grega em paz e se contentam com seu próprio jargão, ou usam as palavras gregas sem desfigurá-las. Ainda mais porque, nessa distorção que fazem, é preciso um grande esforço para adivinhar a palavra grega assim grafada e desvendar o sentido da expressão. Inclui-se nesse âmbito a fusão bárbara, habitual entre os eruditos franceses, de uma palavra grega com uma latina: *pomologie*. Coisas assim, meus *illustres confrères*, cheiram a aprendizes de barbeiro. Estou plenamente autorizado a essa repreensão, pois as fronteiras políticas valem tão pouco na república dos eruditos como na geografia física, e as fronteiras das línguas só existem para os ignorantes; as grosserias não devem ser toleradas nessa república.

§5

É correto, e mesmo necessário, que a provisão de palavras de uma língua seja aumentada no mesmo passo em que aumentam os conceitos. Em contrapartida, se aquilo acontece sem isso, trata-se apenas de um sinal da pobreza de espírito de quem gostaria de levar alguma coisa para o mercado e no entanto, como não tem nenhum pensamento novo, vem com novas palavras. Essa maneira de enriquecer a língua está agora na ordem do dia e é um sinal dos tempos. Mas novas palavras para velhos conceitos são como uma nova cor aplicada a uma velha roupa.

De passagem e apenas porque o exemplo está tão próximo, note-se aqui que só se deve usar "isso e aquilo" quando cada um dos termos está no lugar de mais de uma palavra, como no parágrafo anterior, mas não quando se referem apenas a *uma*.* Nesse caso, é

---

* No original a expressão é "*ersteres und letzteres*", utilizada para designar coisas que foram mencionadas na frase anterior, como faz Schopenhauer na segunda frase do parágrafo precedente. (N.T.)

melhor repeti-la; os gregos em geral não hesitavam em recorrer a essa repetição, enquanto os franceses são os mais preocupados em evitá-las. Os alemães se complicam de tal maneira com o uso de seu "isso e aquilo" que não se sabe mais o que se encontra antes e o que se encontra depois.

§6.

Desprezamos a *escrita chinesa*. Mas, como a tarefa de toda escrita é despertar conceitos na mente do outro, por meio de sinais *visíveis*, é evidente que se trata de um grande desvio apresentar aos olhos, em primeiro lugar, apenas um signo do signo *auditivo*, e fazer dele o portador exclusivo dos conceitos. Com isso, a nossa escrita com letras se reduz a um signo do signo. Assim, é de se perguntar qual a vantagem que o signo auditivo tem em relação ao visível, para nos levar a deixar o caminho direto do olho para a mente e tomar um desvio tão grande como este em que o signo visível só fala ao espírito alheio por intermédio do auditivo. É evidente que seria mais simples, ao modo dos chineses, tornar o signo visível diretamente o portador do conceito, em vez de reduzi-lo a um mero signo do som. Ainda mais quando o sentido da visão é receptivo a modificações mais numerosas e sutis do que as da audição, permitindo inclusive um agrupamento das impressões, o que não é possível para as percepções auditivas, uma vez que elas se dão exclusivamente no tempo.

Os motivos procurados aqui seriam os seguintes:

1) Por natureza, recorremos em primeiro lugar a signos auditivos para expressar nossos afetos e, em seguida, também nossos pensamentos. Com isso chegamos a uma linguagem para o ouvido, antes de ter pensado em inventar uma para a visão. Depois disso, é mais rápido reduzir a linguagem visual à linguagem auditiva, quando necessário, do que inventar ou aprender uma linguagem inteiramente nova, de um tipo inteiramente diferente, feita para o olho. Ainda mais porque logo se descobriu que a quantidade inumerável de palavras pode ser reduzida a poucos sons e, por isso, facilmente expressa por meio deles.

2) De fato, a visão consegue captar modificações mais diversificadas do que as percebidas pelo ouvido, mas não somos capazes de *reproduzi-las* para o olho sem instrumentos como o somos para o ouvido. Também não poderíamos nunca reproduzir e alterar os signos visíveis na mesma velocidade com que, graças à agilidade da língua, fazemos isso com os signos auditivos, como comprova a imperfeição da linguagem gestual dos surdos-mudos. É isso que faz da *audição*, de modo natural, o sentido essencial da linguagem e, consequentemente, da razão. Assim, os motivos pelos quais o caminho direto não é o melhor nesse caso, excepcionalmente, são no fundo apenas exteriores e acidentais, pois não resultam da essência da tarefa a ser realizada. Em consequência disso, quando consideramos o assunto de modo abstrato, puramente teórico e *a priori*, o procedimento dos chineses é na verdade o correto, de modo que só se poderia censurar neles

certo pedantismo, uma vez que negligenciaram as circunstâncias empíricas que sugeriam outra via. Por outro lado, a experiência também trouxe à luz uma grande vantagem da escrita chinesa. Não é preciso saber chinês para se expressar nessa língua, cada um a lê em sua própria língua, exatamente como fazemos com nossos números, que em geral são, para os conceitos numéricos, o que os signos escritos chineses são para todos os conceitos; e os signos algébricos têm a mesma relação com os conceitos abstratos de grandeza. Por isso, como me assegurou um comerciante de chá inglês que esteve na China cinco vezes, em todo o oceano Índico a escrita chinesa é o meio comum de comunicação entre comerciantes das mais diferentes nacionalidades, que não entendem nenhuma língua em comum. Esse homem estava convencido de que um dia, nessa qualidade, ela se espalharia pelo mundo todo. Um relato em consonância com esse é dado por J. F. Davis em sua obra *The Chinese*, Londres,1836, capítulo quinze.

§7.

Os verbos *depoentes* são a única coisa insensata, mesmo absurda da língua romana, e a situação dos verbos *médios* da grega não é melhor.

Mas um erro específico, em latim, é o fato de *fieri* constituir a forma passiva de *facere*: isso implica, e inocula na razão dos que estudam a língua, o erro desastroso segundo o qual tudo o que *é*, ou pelo menos tudo o que *se tornou*, foi feito. Em comparação, na língua grega e na alemã, γίγνεθαι e *werden* [tornar-se] não valem imediatamente como formas passivas de ποιειν e *machen* [fazer]. Posso dizer em grego: οὐκέστι παν γενόμενον ποιούμενον, mas isso não pode ser traduzido literalmente em latim como pode em alemão: *nicht jedes Gewordene ist ein Gemachtes* [nem tudo o que se tornou é algo que foi feito].

§8.

As consoantes são o esqueleto, e as vogais, a carne das palavras. O esqueleto é (no indivíduo) inalterável, e a carne, muito mutável, em termos de cor, qualidade e quantidade. Com isso, as palavras conservam, à medida que são modificadas pelos séculos ou passam de uma língua para outra, o conjunto de suas consoantes, mas suas vogais se alteram com facilidade; é por esse motivo que, na etimologia, deve-se atentar muito mais para aquelas do que para essas.

Encontra-se para a palavra *superstitio* todo tipo de etimologias reunidas tanto em *Disquisitionibus magicis*, de Delrio, Livro I, cap. 1, quanto na obra de Wegschneider *insit. theol. dogmaticae*, proleg., cap. 1, § 5. Em todo caso, suponho que a origem da palavra se encontre naturalmente no fato de ela designar apenas a crença em fantasmas, assim: *defunctorum manes circunvagi, ergo mortus adhuc supersites esse*.

Espero não estar dizendo nada novo quando noto que *morfa* e *forma* constituem a mesma palavra, relacionando-se da mesma maneira que *renes* e *Nieren* [rins], *horse* e *Ross* [cavalo]; e o mesmo vale para a observação de que, entre as semelhanças do grego com o alemão, uma das mais significativas é o fato de o superlativo ser construído, nas duas línguas, por "st" (-ιστος), enquanto não é esse o caso no latim.

A princípio eu poderia duvidar de que já se conheça a etimologia da palavra *arm* [pobre], ou seja, da noção de que ela provém de ἔρημος, *eremus, ermo* em italiano, pois *arm* significa "onde não há nada", portanto "oco, vazio". (Eclesiástico, 12, 4: ἐρημώσουσι com o sentido de "empobrecer"). Em contrapartida, espero que o fato de *Untertan* [súdito] vir do antigo inglês *thane, vassal*, como é usado várias vezes em *Macbeth*, já seja conhecido.

A palavra alemã *Luft* [ar] vem da palavra anglo-saxã, que foi conservada nos termos ingleses *lofty*, alto, *the loft*, o sótão, *le grenier*, uma vez que inicialmente se designava por *Luft* apenas o que está no alto, a atmosfera, como ainda hoje se usa *in der Luft* [no ar] para *oben* [em cima]. Da mesma maneira, a palavra anglo-saxã *first*, primeiro, conservou seu sentido geral no inglês, mas permaneceu no alemão somente em *Fürst* [príncipe], *princeps*.

Também considero as palavras *Aberglauben* [superstição] e *Aberwitz* [loucura] como sendo derivadas de *Überglauben* [excesso de crença] e *Überwitz* [excesso de gracejo], com a mediação de *Oberglauben* e *Oberwitz* (como *Überrock* [sobretudo], *Oberrock*; *Überhand* [supremacia], *Oberhand*), e depois pela corrupção do "O" em "A". O mesmo processo ocorre, em sentido inverso, no caso de *Argwohn* [suspeita] em vez de

Argwahn. Acredito, da mesma maneira, que *Hahnrei* [chifrudo] é uma corruptela de *Hohnrei*, termo que nos foi conservado pelo inglês como um grito de escárnio: *o-hone-a-rie*! Ele aparece em *Letters and Journals of Lord Byron, with notices of his life*, de Thomas Moore*. Londres, 1830, vol. I, p. 441.

Em geral, o inglês é a despensa em que reencontramos, conservadas, nossas antigas palavras, assim como o sentido original das que ainda estão em uso. É o caso, por exemplo, do já mencionado termo *Fürst* [príncipe] em seu sentido original: *the first, princeps*. Na nova edição do texto original da "Teologia alemã", algumas palavras só me são conhecidas e por isso compreensíveis a partir do inglês. – O fato de *Epheu* [hera] vir de *Evoe* não será nenhuma novidade?

A frase *Es kostet mich* não é nada além de um solene e precioso erro linguístico, consagrado pelo uso. *Kosten* [custar ou saborear] vem, assim como o verbo italiano *costare*, de *constare*. *Es kostet mich* significa, portanto, *me constat*, em vez de *mihi constat*. *Dieser Löwe* [esse leão] *kostet mich* não é uma frase que possa ser dita por um proprietário de animais, mas por alguém que é devorado por um leão**.

A semelhança entre *coluber* e *Kolibri* deve ser acidental, ou então teríamos de buscar sua fonte na

---

* Thomas Moore (1779-1852), escritor irlandês. (N.T.)

** Schopenhauer faz referência aos dois sentidos do verbo *kosten*, "custar" e "saborear", e ao uso do verbo com o complemento no caso acusativo (*mich*). A frase em questão, *Dieser Löwe kostet mich* significa literalmente "Esse leão me saboreia". (N.T.)

pré-história da espécie humana, uma vez que o colibri só habita o continente americano. Os dois animais são tão diferentes, até opostos, que o colibri muitas vezes se torna presa de uma serpente da espécie *coluber*. Assim, é possível pensar em uma troca análoga à que ocorre em espanhol, língua na qual a palavra *aceite* não significa azeite, mas óleo. Além do mais, encontramos algumas concordâncias ainda mais marcantes de certos nomes originariamente americanos com os da Antiguidade europeia, como entre a Atlântida de Platão e *Aztlas*, o antigo nome indígena do México, que ainda hoje se mantém nos nomes das cidades mexicanas Mazatlan e Tomatlan. Outro exemplo é o do alto monte Sorata, no Peru, e do monte italiano *Soratte*, nos Alpes.

§9.

Nossos germanistas atuais (segundo um artigo do *Deutschen Vierteljahrs-Schrift* de 1855, número de outubro/dezembro) dividem a língua alemã (*diuske*) em ramos, assim: 1) o ramo *gótico*; 2) o ramo *nórdico*, isto é, *islandês*, do qual provêm o sueco e o dinamarquês; 3) o *baixo-alemão*, de onde vêm o dialeto *Plattdeutsch* e o holandês; 4) o *frisão*; 5) o *anglo-saxão*; 6) o *alto-alemão*, que teria surgido no início do século XVII e se dividido em antigo, médio e novo alto-alemão. Todo esse sistema não é de modo algum uma novidade, uma vez que já havia sido apresentado, com a refutação do tronco gótico, por Wachter em sua obra *Specimen Glossarii germanici*, Lips, 1727. (Cf. Lessing, *Collektanea*, vol. II, p. 384.) No entanto creio que há, nesse sistema, mais patriotismo que verdade, e me filio ao sistema do honrado e perspicaz Rask*. O *gótico*, proveniente do sânscrito, dividiu-se em três dialetos: sueco, dinamarquês e alemão.

Da língua dos antigos germanos não conhecemos nada, e me permito presumir que ela devia ser inteiramente diferente do gótico, portanto, da nossa. Somos, *ao menos* segundo a língua, godos. Entretanto, nada me incomoda mais que a expressão "línguas *indo-germânicas*" – quer dizer, a língua dos Vedas sob o mesmo teto que o jargão eventual dos já mencionados caçadores de ursos. *Ut nos poma natamus*! – Além disso, os mitos da chamada mitologia germânica, na verdade gótica, como a saga dos Nibelungos etc., são encontrados de modo muito mais elaborado e autêntico na Islândia e na Escandinávia do que entre os caçadores de urso alemães; e as antiguidades nórdicas, os achados feitos em escavações, as runas etc. testemunham, em comparação com os achados alemães, que a cultura era muito mais elevada na Escandinávia, em todos os campos.

É surpreendente que não haja nenhuma palavra alemã no francês, como há em inglês, já que no século V a França foi ocupada por visigodos, burgúndios e francos, e reis francos a governaram.

Niedlich, do antigo alemão *neidlich* = *beneidenswert* [invejável]. – *Teller* [prato], de *patella*. – *Viande*, do italiano *vivanda*. – *Spada*, espada, *épé*, de σπάθε, espada, termo utilizado nesse sentido por exemplo

---
* Rasmus Christian Rask (1787-1832), filólogo dinamarquês. (N.T.)

por Teofrasto nos *Caracteres**, cap. 24, περι; δειλίας. *Affe* [macaco], de *Afer* [africano], porque os primeiros macacos introduzidos aos alemães pelos romanos lhes foram designados por meio desse termo. – *Kram* [traste], de κραμα [mistura], κεράννυμι [mescla]. – *Taumeln* [cambalear], de *temulentus* [ébrio]. – *Vulpes* [raposa] e *Wolf* [lobo] são palavras provavelmente aparentadas, com base na troca de duas espécies do gênero *canis*. – *Wälsch* muito provavelmente é apenas uma outra pronúncia de *Gälisch* (gaelic), ou seja, céltico, e significava entre os antigos alemães a língua não germânica, ou melhor, não gótica; é por isso que agora se refere especialmente ao italiano, portanto, à língua dos romanos. – *Brot* [pão] vem de βρωμα [comida]. *Volo* [voo] e βούλομαι, ou antes βούλω, são, pela raiz, a mesma palavra. *Heute* [hoje] e *oggi* vêm de *hodie*, contudo não guardam qualquer semelhança entre si. – O termo alemão *Gift* [veneno] é o mesmo que o inglês *gift*: ele vem na verdade de *geben* [dar] e se refere ao que é dado: por isso o uso de *vergeben* [dar, repartir] em vez de *vergiften* [envenenar]. – *Parlare* [falar] provavelmente vem de *perlator*, portador, mensageiro: daí o termo inglês *a parley* [uma conferência]. – É evidente que *to die* [morrer] se relaciona com δεύω, δεύειν [molhar], assim como *tree* [árvore] com δρυς [carvalho]. – De *Garhuda*, a águia de Vishnu, *Geier* [abutre]. – De *Mala*, *Maul* [focinho]. – *Katze* [gato] é a forma contraída de *catus*. – *Shande* [vergonha], de *scandalum*, termo que talvez tenha parentesco com o

---

* Trata-se do filósofo e naturalista Teofrasto de Éreso (371-287 a.C.) (N.T.)

sânscrito *tschandalada*. – *Ferkel* [leitão], de *ferculum* [bandeja], porque vem inteiro para a mesa. – *Plärren* [berrar, choramingar], de *pleurer* e *plorare*. – *Füllen, Fohlen* [potro], de *pullus*. – *Poison* [veneno] e *ponzonna*, de *potio* [poção, veneno]. – *Baby* é *bambino*. – *Brand* [tição], do inglês antigo: *brando* em italiano. – *Knife* [faca] e *canif* [canivete] são a mesma palavra: de origem céltica? – *Ziffer, cifra, chiffre, ciphre* vêm provavelmente do galês, portanto do celta: *cyfrinah*, mistério (cf. Pictet, *Mistère des Bardes*, p. 14). O italiano *tuffare* (*mergere*) [imergir] e o alemão *taufen* [batizar] são a mesma palavra. – *Ambrosia* parece aparentada com *amriti*; *Asen* [divindades germânicas] talvez com αἶσα. Λαβρεύομαι é idêntico a *labbern*, tanto no sentido quanto na palavra. – Αολλεις é *Alle* [todos]. – *Seve* é *Saft* [suco]. – Em todo caso, é estranho que *Geiss* [cabra] seja *Zieg* [cabra] ao contrário. – O inglês *bower*, caramanchão, é *Bauer* (nosso *Vogelbauer* [gaiola]).

Sei que os estudiosos e pesquisadores da língua sânscrita são muito mais cerimoniosos do que eu quando derivam as etimologias de suas fontes, entretanto mantenho a esperança de que ainda haja muitas frutas a serem colhidas para o meu diletantismo nesse assunto.

Sobre o tradutor

Pedro Süssekind, nascido no Rio de Janeiro em 1973, é doutor em Filosofia pela UFRJ. Além de professor, é tradutor e escritor. Publicou em 2004 o livro de contos *Litoral* (7letras) e participou das antologias *Paralelos, 17 contos da nova literatura brasileira* (Agir, 2004) e *Dentro de um livro* (Casa da Palavra, 2005). Seus trabalhos mais recentes como tradutor foram os livros *Novela*, de Goethe (7letras, 2004), *Ensaio sobre o trágico*, de Peter Szondi (Jorge Zahar, 2004) e *Nietzsche e a polêmica em torno de O Nascimento da tragédia* (Jorge Zahar, 2005).

Coleção **L&PM** POCKET

701. **Apologia de Sócrates** *precedido de* **Êutifron** e *seguido de* **Críton** – Platão
702. **Wood & Stock** – Angeli
703. **Striptiras (3)** – Laerte
704. **Discurso sobre a origem e os fundamentos da desigualdade entre os homens** – Rousseau
705. **Os duelistas** – Joseph Conrad
706. **Dilbert (2)** – Scott Adams
707. **Viver e escrever** (vol. 1) – Edla van Steen
708. **Viver e escrever** (vol. 2) – Edla van Steen
709. **Viver e escrever** (vol. 3) – Edla van Steen
710. **A teia da aranha** – Agatha Christie
711. **O banquete** – Platão
712. **Os belos e malditos** – F. Scott Fitzgerald
713. **Libelo contra a arte moderna** – Salvador Dalí
714. **Akropolis** – Valerio Massimo Manfredi
715. **Devoradores de mortos** – Michael Crichton
716. **Sob o sol da Toscana** – Frances Mayes
717. **Batom na cueca** – Nani
718. **Vida dura** – Claudia Tajes
719. **Carne trêmula** – Ruth Rendell
720. **Cris, a fera** – David Coimbra
721. **O anticristo** – Nietzsche
722. **Como um romance** – Daniel Pennac
723. **Emboscada no Forte Bragg** – Tom Wolfe
724. **Assédio sexual** – Michael Crichton
725. **O espírito do Zen** – Alan W. Watts
726. **Um bonde chamado desejo** – Tennessee Williams
727. **Como gostais** *seguido de* **Conto de inverno** – Shakespeare
728. **Tratado sobre a tolerância** – Voltaire
729. **Snoopy: Doces ou travessuras? (7)** – Charles Schulz
730. **Cardápios do Anonymus Gourmet** – J.A. Pinheiro Machado
731. **100 receitas com lata** – J.A. Pinheiro Machado
732. **Conhece o Mário?** vol.2 – Santiago
733. **Dilbert (3)** – Scott Adams
734. **História de um louco amor** *seguido de* **Passado amor** – Horacio Quiroga
735.(11). **Sexo: muito prazer** – Laura Meyer da Silva
736.(12). **Para entender o adolescente** – Dr. Ronald Pagnoncelli
737.(13). **Desembarcando a tristeza** – Dr. Fernando Lucchese
738. **Poirot e o mistério da arca espanhola & outras histórias** – Agatha Christie
739. **A última legião** – Valerio Massimo Manfredi
741. **Sol nascente** – Michael Crichton
742. **Duzentos ladrões** – Dalton Trevisan
743. **Os devaneios do caminhante solitário** – Rousseau
744. **Garfield, o rei da preguiça (10)** – Jim Davis
745. **Os magnatas** – Charles R. Morris
746. **Pulp** – Charles Bukowski
747. **Enquanto agonizo** – William Faulkner
748. **Aline: viciada em sexo (3)** – Adão Iturrusgarai
749. **A dama do cachorrinho** – Anton Tchékhov
750. **Tito Andrônico** – Shakespeare
751. **Antologia poética** – Anna Akhmátova
752. **O melhor de Hagar 6** – Dik e Chris Browne
753.(12). **Michelangelo** – Nadine Sautel
754. **Dilbert (4)** – Scott Adams
755. **O jardim das cerejeiras** *seguido de* **Tio Vânia** – Tchékhov
756. **Geração Beat** – Claudio Willer
757. **Santos Dumont** – Alcy Cheuiche
758. **Budismo** – Claude B. Levenson
759. **Cleópatra** – Christian-Georges Schwentzel
760. **Revolução Francesa** – Frédéric Bluche, Stéphane Rials e Jean Tulard
761. **A crise de 1929** – Bernard Gazier
762. **Sigmund Freud** – Edson Sousa e Paulo Endo
763. **Império Romano** – Patrick Le Roux
764. **Cruzadas** – Cécile Morrisson
765. **O mistério do Trem Azul** – Agatha Christie
768. **Senso comum** – Thomas Paine
769. **O parque dos dinossauros** – Michael Crichton
770. **Trilogia da paixão** – Goethe
773. **Snoopy: No mundo da lua! (8)** – Charles Schulz
774. **Os Quatro Grandes** – Agatha Christie
775. **Um brinde de cianureto** – Agatha Christie
776. **Súplicas atendidas** – Truman Capote
779. **A viúva imortal** – Millôr Fernandes
780. **Cabala** – Roland Goetschel
781. **Capitalismo** – Claude Jessua
782. **Mitologia grega** – Pierre Grimal
783. **Economia: 100 palavras-chave** – Jean-Paul Betbèze
784. **Marxismo** – Henri Lefebvre
785. **Punição para a inocência** – Agatha Christie
786. **A extravagância do morto** – Agatha Christie
787.(13). **Cézanne** – Bernard Fauconnier
788. **A identidade Bourne** – Robert Ludlum
789. **Da tranquilidade da alma** – Sêneca
790. **Um artista da fome** *seguido de* **Na colônia penal e outras histórias** – Kafka
791. **Histórias de fantasmas** – Charles Dickens
796. **O Uraguai** – Basílio da Gama
797. **A mão misteriosa** – Agatha Christie
798. **Testemunha ocular do crime** – Agatha Christie
799. **Crepúsculo dos ídolos** – Friedrich Nietzsche
802. **O grande golpe** – Dashiell Hammett
803. **Humor barra pesada** – Nani
804. **Vinho** – Jean-François Gautier
805. **Egito Antigo** – Sophie Desplancques
806.(14). **Baudelaire** – Jean-Baptiste Baronian
807. **Caminho da sabedoria, caminho da paz** – Dalai Lama e Felizitas von Schönborn
808. **Senhor e servo e outras histórias** – Tolstói
809. **Os cadernos de Malte Laurids Brigge** – Rilke
810. **Dilbert (5)** – Scott Adams
811. **Big Sur** – Jack Kerouac
812. **Seguindo a correnteza** – Agatha Christie
813. **O álibi** – Sandra Brown
814. **Montanha-russa** – Martha Medeiros
815. **Coisas da vida** – Martha Medeiros
816. **A cantada infalível** *seguido de* **A mulher do centroavante** – David Coimbra
819. **Snoopy: Pausa para a soneca (9)** – Charles Schulz

820. De pernas pro ar – Eduardo Galeano
821. Tragédias gregas – Pascal Thiercy
822. Existencialismo – Jacques Colette
823. Nietzsche – Jean Granier
824. Amar ou depender? – Walter Riso
825. Darmapada: A doutrina budista em versos
826. J'Accuse...! – a verdade em marcha – Zola
827. Os crimes ABC – Agatha Christie
828. Um gato entre os pombos – Agatha Christie
831. Dicionário de teatro – Luiz Paulo Vasconcellos
832. Cartas extraviadas – Martha Medeiros
833. A longa viagem de prazer – J. J. Morosoli
834. Receitas fáceis – J. A. Pinheiro Machado
835.(14).Mais fatos & mitos – Dr. Fernando Lucchese
836.(15).Boa viagem! – Dr. Fernando Lucchese
837. Aline: Finalmente nua!!! (4) – Adão Iturrusgarai
838. Mônica tem uma novidade! – Mauricio de Sousa
839. Cebolinha em apuros! – Mauricio de Sousa
840. Sócios no crime – Agatha Christie
841. Bocas do tempo – Eduardo Galeano
842. Orgulho e preconceito – Jane Austen
843. Impressionismo – Dominique Lobstein
844. Escrita chinesa – Viviane Alleton
845. Paris: uma história – Yvan Combeau
846.(15). Van Gogh – David Haziot
848. Portal do destino – Agatha Christie
849. O futuro de uma ilusão – Freud
850. O mal-estar na cultura – Freud
853. Um crime adormecido – Agatha Christie
854. Satori em Paris – Jack Kerouac
855. Medo e delírio em Las Vegas – Hunter Thompson
856. Um negócio fracassado e outros contos de humor – Tchékhov
857. Mônica esta de férias! – Mauricio de Sousa
858. De quem é esse coelho? – Mauricio de Sousa
860. O mistério Sittaford – Agatha Christie
861. Manhã transfigurada – L. A. de Assis Brasil
862. Alexandre, o Grande – Pierre Briant
863. Jesus – Charles Perrot
864. Islã – Paul Balta
865. Guerra da Secessão – Farid Ameur
866. Um rio que vem da Grécia – Cláudio Moreno
868. Assassinato na casa do pastor – Agatha Christie
869. Manual do líder – Napoleão Bonaparte
870.(16). Billie Holiday – Sylvia Fol
871. Bidu arrasando! – Mauricio de Sousa
872. Os Sousa: Desventuras em família – Mauricio de Sousa
874. E no final a morte – Agatha Christie
875. Guia prático do Português correto – vol. 4 – Cláudio Moreno
876. Dilbert (6) – Scott Adams
877.(17). Leonardo da Vinci – Sophie Chauveau
878. Bella Toscana – Frances Mayes
879. A arte da ficção – David Lodge
880. Striptiras (4) – Laerte
881. Skrotinhos – Angeli
882. Depois do funeral – Agatha Christie
883. Radicci 7 – Iotti
884. Walden – H. D. Thoreau
885. Lincoln – Allen C. Guelzo
886. Primeira Guerra Mundial – Michael Howard
887. A linha de sombra – Joseph Conrad
888. O amor é um cão dos diabos – Bukowski
890. Despertar: uma vida de Buda – Jack Kerouac
891.(18). Albert Einstein – Laurent Seksik
892. Hell's Angels – Hunter Thompson
893. Ausência na primavera – Agatha Christie
894. Dilbert (7) – Scott Adams
895. Ao sul de lugar nenhum – Bukowski
896. Maquiavel – Quentin Skinner
897. Sócrates – C.C.W. Taylor
899. O Natal de Poirot – Agatha Christie
900. As veias abertas da América Latina – Eduardo Galeano
901. Snoopy: Sempre alerta! (10) – Charles Schulz
902. Chico Bento: Plantando confusão – Mauricio de Sousa
903. Penadinho: Quem é morto sempre aparece – Mauricio de Sousa
904. A vida sexual da mulher feia – Claudia Tajes
905. 100 segredos de liquidificador – José Antonio Pinheiro Machado
906. Sexo muito prazer 2 – Laura Meyer da Silva
907. Os nascimentos – Eduardo Galeano
908. As caras e as máscaras – Eduardo Galeano
909. O século do vento – Eduardo Galeano
910. Poirot perde uma cliente – Agatha Christie
911. Cérebro – Michael O'Shea
912. O escaravelho de ouro e outras histórias – Edgar Allan Poe
913. Piadas para sempre (4) – Visconde da Casa Verde
914. 100 receitas de massas light – Helena Tonetto
915.(19). Oscar Wilde – Daniel Salvatore Schiffer
916. Uma breve história do mundo – H. G. Wells
917. A Casa do Penhasco – Agatha Christie
918. John M. Keynes – Bernard Gazier
920.(20). Virginia Woolf – Alexandra Lemasson
921. Peter e Wendy seguido de Peter Pan em Kensington Gardens – J. M. Barrie
922. Aline: numas de colegial (5) – Adão Iturrusgarai
923. Uma dose mortal – Agatha Christie
924. Os trabalhos de Hércules – Agatha Christie
926. Kant – Roger Scruton
927. A inocência do Padre Brown – G.K. Chesterton
928. Casa Velha – Machado de Assis
929. Marcas de nascença – Nancy Huston
930. Aulete de bolso
931. Hora Zero – Agatha Christie
932. Morte na Mesopotâmia – Agatha Christie
934. Nem te conto, João – Dalton Trevisan
935. As aventuras de Huckleberry Finn – Mark Twain
936.(21). Marilyn Monroe – Anne Plantagenet
937. China moderna – Rana Mitter
938. Dinossauros – David Norman
939. Louca por homem – Claudia Tajes
940. Amores de alto risco – Walter Riso
941. Jogo de damas – David Coimbra
942. Filha é filha – Agatha Christie
943. M ou N? – Agatha Christie
945. Bidu: diversão em dobro! – Mauricio de Sousa
946. Fogo – Anaïs Nin
947. Rum: diário de um jornalista bêbado – Hunter Thompson

948. **Persuasão** – Jane Austen
949. **Lágrimas na chuva** – Sergio Faraco
950. **Mulheres** – Bukowski
951. **Um pressentimento funesto** – Agatha Christie
952. **Cartas na mesa** – Agatha Christie
954. **O lobo do mar** – Jack London
955. **Os gatos** – Patricia Highsmith
956(22). **Jesus** – Christiane Rancé
957. **História da medicina** – William Bynum
958. **O Morro dos Ventos Uivantes** – Emily Brontë
959. **A filosofia na era trágica dos gregos** – Nietzsche
960. **Os treze problemas** – Agatha Christie
961. **A massagista japonesa** – Moacyr Scliar
963. **Humor do miserê** – Nani
964. **Todo o mundo tem dúvida, inclusive você** – Édison de Oliveira
965. **A dama do Bar Nevada** – Sergio Faraco
969. **O psicopata americano** – Bret Easton Ellis
970. **Ensaios de amor** – Alain de Botton
971. **O grande Gatsby** – F. Scott Fitzgerald
972. **Por que não sou cristão** – Bertrand Russell
973. **A Casa Torta** – Agatha Christie
974. **Encontro com a morte** – Agatha Christie
975(23). **Rimbaud** – Jean-Baptiste Baronian
976. **Cartas na rua** – Bukowski
977. **Memória** – Jonathan K. Foster
978. **A abadia de Northanger** – Jane Austen
979. **As pernas de Úrsula** – Claudia Tajes
980. **Retrato inacabado** – Agatha Christie
981. **Solanin (1)** – Inio Asano
982. **Solanin (2)** – Inio Asano
983. **Aventuras de menino** – Mitsuru Adachi
984(16). **Fatos & mitos sobre sua alimentação** – Dr. Fernando Lucchese
985. **Teoria quântica** – John Polkinghorne
986. **O eterno marido** – Fiódor Dostoiévski
987. **Um safado em Dublin** – J. P. Donleavy
988. **Mirinha** – Dalton Trevisan
989. **Akhenaton e Nefertiti** – Carmen Seganfredo e A. S. Franchini
990. **On the Road – o manuscrito original** – Jack Kerouac
991. **Relatividade** – Russell Stannard
992. **Abaixo de zero** – Bret Easton Ellis
993(24). **Andy Warhol** – Mériam Korichi
995. **Os últimos casos de Miss Marple** – Agatha Christie
996. **Nico Demo: Aí vem encrenca** – Mauricio de Sousa
998. **Rousseau** – Robert Wokler
999. **Noite sem fim** – Agatha Christie
1000. **Diários de Andy Warhol (1)** – Editado por Pat Hackett
1001. **Diários de Andy Warhol (2)** – Editado por Pat Hackett
1002. **Cartier-Bresson: o olhar do século** – Pierre Assouline
1003. **As melhores histórias da mitologia: vol. 1** – A.S. Franchini e Carmen Seganfredo
1004. **As melhores histórias da mitologia: vol. 2** – A.S. Franchini e Carmen Seganfredo
1005. **Assassinato no beco** – Agatha Christie
1006. **Convite para um homicídio** – Agatha Christie
1008. **História da vida** – Michael J. Benton
1009. **Jung** – Anthony Stevens
1010. **Arsène Lupin, ladrão de casaca** – Maurice Leblanc
1011. **Dublinenses** – James Joyce
1012. **120 tirinhas da Turma da Mônica** – Mauricio de Sousa
1013. **Antologia poética** – Fernando Pessoa
1014. **A aventura de um cliente ilustre** *seguido de* **O último adeus de Sherlock Holmes** – Sir Arthur Conan Doyle
1015. **Cenas de Nova York** – Jack Kerouac
1016. **A corista** – Anton Tchékhov
1017. **O diabo** – Leon Tolstói
1018. **Fábulas chinesas** – Sérgio Capparelli e Márcia Schmaltz
1019. **O gato do Brasil** – Sir Arthur Conan Doyle
1020. **Missa do Galo** – Machado de Assis
1021. **O mistério de Marie Rogêt** – Edgar Allan Poe
1022. **A mulher mais linda da cidade** – Bukowski
1023. **O retrato** – Nicolai Gogol
1024. **O conflito** – Agatha Christie
1025. **Os primeiros casos de Poirot** – Agatha Christie
1027(25). **Beethoven** – Bernard Fauconnier
1028. **Platão** – Julia Annas
1029. **Cleo e Daniel** – Roberto Freire
1030. **Til** – José de Alencar
1031. **Viagens na minha terra** – Almeida Garrett
1032. **Profissões para mulheres e outros artigos feministas** – Virginia Woolf
1033. **Mrs. Dalloway** – Virginia Woolf
1034. **O cão da morte** – Agatha Christie
1035. **Tragédia em três atos** – Agatha Christie
1037. **O fantasma da Ópera** – Gaston Leroux
1038. **Evolução** – Brian e Deborah Charlesworth
1039. **Medida por medida** – Shakespeare
1040. **Razão e sentimento** – Jane Austen
1041. **A obra-prima ignorada** *seguido de* **Um episódio durante o Terror** – Balzac
1042. **A fugitiva** – Anaïs Nin
1043. **As grandes histórias da mitologia greco-romana** – A. S. Franchini
1044. **O corno de si mesmo & outras historietas** – Marquês de Sade
1045. **Da felicidade** *seguido de* **Da vida retirada** – Sêneca
1046. **O horror em Red Hook e outras histórias** – H. P. Lovecraft
1047. **Noite em claro** – Martha Medeiros
1048. **Poemas clássicos chineses** – Li Bai, Du Fu e Wang Wei
1049. **A terceira moça** – Agatha Christie
1050. **Um destino ignorado** – Agatha Christie
1051(26). **Buda** – Sophie Royer
1052. **Guerra Fria** – Robert J. McMahon
1053. **Simons's Cat: as aventuras de um gato travesso e comilão – vol. 1** – Simon Tofield
1054. **Simons's Cat: as aventuras de um gato travesso e comilão – vol. 2** – Simon Tofield
1055. **Só as mulheres e as baratas sobreviverão** – Claudia Tajes
1057. **Pré-história** – Chris Gosden
1058. **Pintou sujeira!** – Mauricio de Sousa
1059. **Contos de Mamãe Gansa** – Charles Perrault
1060. **A interpretação dos sonhos: vol. 1** – Freud

1061. **A interpretação dos sonhos: vol. 2** – Freud
1062. **Frufru Rataplã Dolores** – Dalton Trevisan
1063. **As melhores histórias da mitologia egípcia** – Carmem Seganfredo e A.S. Franchini
1064. **Infância. Adolescência. Juventude** – Tolstói
1065. **As consolações da filosofia** – Alain de Botton
1066. **Diários de Jack Kerouac – 1947-1954**
1067. **Revolução Francesa – vol. 1** – Max Gallo
1068. **Revolução Francesa – vol. 2** – Max Gallo
1069. **O detetive Parker Pyne** – Agatha Christie
1070. **Memórias do esquecimento** – Flávio Tavares
1071. **Drogas** – Leslie Iversen
1072. **Manual de ecologia (vol.2)** – J. Lutzenberger
1073. **Como andar no labirinto** – Affonso Romano de Sant'Anna
1074. **A orquídea e o serial killer** – Juremir Machado da Silva
1075. **Amor nos tempos de fúria** – Lawrence Ferlinghetti
1076. **A aventura do pudim de Natal** – Agatha Christie
1078. **Amores que matam** – Patricia Faur
1079. **Histórias de pescador** – Mauricio de Sousa
1080. **Pedaços de um caderno manchado de vinho** – Bukowski
1081. **A ferro e fogo: tempo de solidão (vol.1)** – Josué Guimarães
1082. **A ferro e fogo: tempo de guerra (vol.2)** – Josué Guimarães
1084(17). **Desembarcando o Alzheimer** – Dr. Fernando Lucchese e Dra. Ana Hartmann
1085. **A maldição do espelho** – Agatha Christie
1086. **Uma breve história da filosofia** – Nigel Warburton
1088. **Heróis da História** – Will Durant
1089. **Concerto campestre** – L. A. de Assis Brasil
1090. **Morte nas nuvens** – Agatha Christie
1092. **Aventura em Bagdá** – Agatha Christie
1093. **O cavalo amarelo** – Agatha Christie
1094. **O método de interpretação dos sonhos** – Freud
1095. **Sonetos de amor e desamor** – Vários
1096. **120 tirinhas do Dilbert** – Scott Adams
1097. **200 fábulas de Esopo**
1098. **O curioso caso de Benjamin Button** – F. Scott Fitzgerald
1099. **Piadas para sempre: uma antologia para morrer de rir** – Visconde da Casa Verde
1100. **Hamlet (Mangá)** – Shakespeare
1101. **A arte da guerra (Mangá)** – Sun Tzu
1104. **As melhores histórias da Bíblia (vol.1)** – A. S. Franchini e Carmen Seganfredo
1105. **As melhores histórias da Bíblia (vol.2)** – A. S. Franchini e Carmen Seganfredo
1106. **Psicologia das massas e análise do eu** – Freud
1107. **Guerra Civil Espanhola** – Helen Graham
1108. **A autoestrada do sul e outras histórias** – Julio Cortázar
1109. **O mistério dos sete relógios** – Agatha Christie
1110. **Peanuts: Ninguém gosta de mim... (amor)** – Charles Schulz
1111. **Cadê o bolo?** – Mauricio de Sousa
1112. **O filósofo ignorante** – Voltaire
1113. **Totem e tabu** – Freud
1114. **Filosofia pré-socrática** – Catherine Osborne
1115. **Desejo de status** – Alain de Botton
1118. **Passageiro para Frankfurt** – Agatha Christie
1120. **Kill All Enemies** – Melvin Burgess
1121. **A morte da sra. McGinty** – Agatha Christie
1122. **Revolução Russa** – S. A. Smith
1123. **Até você, Capitu?** – Dalton Trevisan
1124. **O grande Gatsby (Mangá)** – F. S. Fitzgerald
1125. **Assim falou Zaratustra (Mangá)** – Nietzsche
1126. **Peanuts: É para isso que servem os amigos (amizade)** – Charles Schulz
1127(27). **Nietzsche** – Dorian Astor
1128. **Bidu: Hora do banho** – Mauricio de Sousa
1129. **O melhor do Macanudo Taurino** – Santiago
1130. **Radicci 30 anos** – Iotti
1131. **Show de sabores** – J.A. Pinheiro Machado
1132. **O prazer das palavras** – vol. 3 – Cláudio Moreno
1133. **Morte na praia** – Agatha Christie
1134. **O fardo** – Agatha Christie
1135. **Manifesto do Partido Comunista (Mangá)** – Marx & Engels
1136. **A metamorfose (Mangá)** – Franz Kafka
1137. **Por que você não se casou... ainda** – Tracy McMillan
1138. **Textos autobiográficos** – Bukowski
1139. **A importância de ser prudente** – Oscar Wilde
1140. **Sobre a vontade na natureza** – Arthur Schopenhauer
1141. **Dilbert (8)** – Scott Adams
1142. **Entre dois amores** – Agatha Christie
1143. **Cipreste triste** – Agatha Christie
1144. **Alguém viu uma assombração?** – Mauricio de Sousa
1145. **Mandela** – Elleke Boehmer
1146. **Retrato do artista quando jovem** – James Joyce
1147. **Zadig ou o destino** – Voltaire
1148. **O contrato social (Mangá)** – J.-J. Rousseau
1149. **Garfield fenomenal** – Jim Davis
1150. **A queda da América** – Allen Ginsberg
1151. **Música na noite & outros ensaios** – Aldous Huxley
1152. **Poesias inéditas & Poemas dramáticos** – Fernando Pessoa
1153. **Peanuts: Felicidade é...** – Charles M. Schulz
1154. **Mate-me por favor** – Legs McNeil e Gillian McCain
1155. **Assassinato no Expresso Oriente** – Agatha Christie
1156. **Um punhado de centeio** – Agatha Christie
1157. **A interpretação dos sonhos (Mangá)** – Freud
1158. **Peanuts: Você não entende o sentido da vida** – Charles M. Schulz
1159. **A dinastia Rothschild** – Herbert R. Lottman
1160. **A Mansão Hollow** – Agatha Christie
1161. **Nas montanhas da loucura** – H.P. Lovecraft
1162(28). **Napoleão Bonaparte** – Pascale Fautrier
1163. **Um corpo na biblioteca** – Agatha Christie
1164. **Inovação** – Mark Dodgson e David Gann
1165. **O que toda mulher deve saber sobre os homens: a afetividade masculina** – Walter Riso
1166. **O amor está no ar** – Mauricio de Sousa
1167. **Testemunha de acusação & outras histórias** – Agatha Christie
1168. **Etiqueta de bolso** – Celia Ribeiro
1169. **Poesia reunida (volume 3)** – Affonso Romano de Sant'Anna

1170. **Emma** – Jane Austen
1171. **Que seja em segredo** – Ana Miranda
1172. **Garfield sem apetite** – Jim Davis
1173. **Garfield: Foi mal...** – Jim Davis
1174. **Os irmãos Karamázov (Mangá)** – Dostoiévski
1175. **O Pequeno Príncipe** – Antoine de Saint-Exupéry
1176. **Peanuts: Ninguém mais tem o espírito aventureiro** – Charles M. Schulz
1177. **Assim falou Zaratustra** – Nietzsche
1178. **Morte no Nilo** – Agatha Christie
1179. **Ê, soneca boa** – Mauricio de Sousa
1180. **Garfield a todo o vapor** – Jim Davis
1181. **Em busca do tempo perdido (Mangá)** – Proust
1182. **Cai o pano: o último caso de Poirot** – Agatha Christie
1183. **Livro para colorir e relaxar** – Livro 1
1184. **Para colorir sem parar**
1185. **Os elefantes não esquecem** – Agatha Christie
1186. **Teoria da relatividade** – Albert Einstein
1187. **Compêndio da psicanálise** – Freud
1188. **Visões de Gerard** – Jack Kerouac
1189. **Fim de verão** – Mohiro Kitoh
1190. **Procurando diversão** – Mauricio de Sousa
1191. **E não sobrou nenhum e outras peças** – Agatha Christie
1192. **Ansiedade** – Daniel Freeman & Jason Freeman
1193. **Garfield: pausa para o almoço** – Jim Davis
1194. **Contos do dia e da noite** – Guy de Maupassant
1195. **O melhor de Hagar 7** – Dik Browne
1196. (29).**Lou Andreas-Salomé** – Dorian Astor
1197. (30).**Pasolini** – René de Ceccatty
1198. **O caso do Hotel Bertram** – Agatha Christie
1199. **Crônicas de motel** – Sam Shepard
1200. **Pequena filosofia da paz interior** – Catherine Rambert
1201. **Os sertões** – Euclides da Cunha
1202. **Treze à mesa** – Agatha Christie
1203. **Bíblia** – John Riches
1204. **Anjos** – David Albert Jones
1205. **As tirinhas do Guri de Uruguaiana 1** – Jair Kobe
1206. **Entre aspas (vol.1)** – Fernando Eichenberg
1207. **Escrita** – Andrew Robinson
1208. **O spleen de Paris: pequenos poemas em prosa** – Charles Baudelaire
1209. **Satíricon** – Petrônio
1210. **O avarento** – Molière
1211. **Queimando na água, afogando-se na chama** – Bukowski
1212. **Miscelânea septuagenária: contos e poemas** – Bukowski
1213. **Que filosofar é aprender a morrer e outros ensaios** – Montaigne
1214. **Da amizade e outros ensaios** – Montaigne
1215. **O medo à espreita e outras histórias** – H.P. Lovecraft
1216. **A obra de arte na era de sua reprodutibilidade técnica** – Walter Benjamin
1217. **Sobre a liberdade** – John Stuart Mill
1218. **O segredo de Chimneys** – Agatha Christie
1219. **Morte na rua Hickory** – Agatha Christie
1220. **Ulisses (Mangá)** – James Joyce
1221. **Ateísmo** – Julian Baggini
1222. **Os melhores contos de Katherine Mansfield** – Katherine Mansfield
1223. (31).**Martin Luther King** – Alain Foix
1224. **Millôr Definitivo: uma antologia de *A Bíblia do Caos*** – Millôr Fernandes
1225. **O Clube das Terças-Feiras e outras histórias** – Agatha Christie
1226. **Por que sou tão sábio** – Nietzsche
1227. **Sobre a mentira** – Platão
1228. **Sobre a leitura *seguido do* Depoimento de Céleste Albaret** – Proust
1229. **O homem do terno marrom** – Agatha Christie
1230. (32).**Jimi Hendrix** – Franck Médioni
1231. **Amor e amizade e outras histórias** – Jane Austen
1232. **Lady Susan, Os Watson e Sanditon** – Jane Austen
1233. **Uma breve história da ciência** – William Bynum
1234. **Macunaíma: o herói sem nenhum caráter** – Mário de Andrade
1235. **A máquina do tempo** – H.G. Wells
1236. **O homem invisível** – H.G. Wells
1237. **Os 36 estratagemas: manual secreto da arte da guerra** – Anônimo
1238. **A mina de ouro e outras histórias** – Agatha Christie
1239. **Pic** – Jack Kerouac
1240. **O habitante da escuridão e outros contos** – H.P. Lovecraft
1241. **O chamado de Cthulhu e outros contos** – H.P. Lovecraft
1242. **O melhor de Meu reino por um cavalo!** – Edição de Ivan Pinheiro Machado
1243. **A guerra dos mundos** – H.G. Wells
1244. **O caso da criada perfeita e outras histórias** – Agatha Christie
1245. **Morte por afogamento e outras histórias** – Agatha Christie
1246. **Assassinato no Comitê Central** – Manuel Vázquez Montalbán
1247. **O papai é pop** – Marcos Piangers
1248. **O papai é pop 2** – Marcos Piangers
1249. **A mamãe é rock** – Ana Cardoso
1250. **Paris boêmia** – Dan Franck
1251. **Paris libertária** – Dan Franck
1252. **Paris ocupada** – Dan Franck
1253. **Uma anedota infame** – Dostoiévski
1254. **O último dia de um condenado** – Victor Hugo
1255. **Nem só de caviar vive o homem** – J.M. Simmel
1256. **Amanhã é outro dia** – J.M. Simmel
1257. **Mulherzinhas** – Louisa May Alcott
1258. **Reforma Protestante** – Peter Marshall
1259. **História econômica global** – Robert C. Allen
1260. (33).**Che Guevara** – Alain Foix
1261. **Câncer** – Nicholas James
1262. **Akhenaton** – Agatha Christie
1263. **Aforismos para a sabedoria de vida** – Arthur Schopenhauer
1264. **Uma história do mundo** – David Coimbra
1265. **Ame e não sofra** – Walter Riso
1266. **Desapegue-se!** – Walter Riso

1267. **Os Sousa: Uma família do barulho** – Maurício de Sousa
1268. **Nico Demo: O rei da travessura** – Maurício de Sousa
1269. **Testemunha de acusação e outras peças** – Agatha Christie
1270. (34).**Dostoiévski** – Virgil Tanase
1271. **O melhor de Hagar 8** – Dik Browne
1272. **O melhor de Hagar 9** – Dik Browne
1273. **O melhor de Hagar 10** – Dik e Chris Browne
1274. **Considerações sobre o governo representativo** – John Stuart Mill
1275. **O homem Moisés e a religião monoteísta** – Freud
1276. **Inibição, sintoma e medo** – Freud
1277. **Além do princípio de prazer** – Freud
1278. **O direito de dizer não!** – Walter Riso
1279. **A arte de ser flexível** – Walter Riso
1280. **Casados e descasados** – August Strindberg
1281. **Da Terra à Lua** – Júlio Verne
1282. **Minhas galerias e meus pintores** – Kahnweiler
1283. **A arte do romance** – Virginia Woolf
1284. **Teatro completo v. 1: As aves da noite** *seguido de* **O visitante** – Hilda Hilst
1285. **Teatro completo v. 2: O verdugo** *seguido de* **A morte do patriarca** – Hilda Hilst
1286. **Teatro completo v. 3: O rato no muro** *seguido de* **Auto da barca de Camiri** – Hilda Hilst
1287. **Teatro completo v. 4: A empresa** *seguido de* **O novo sistema** – Hilda Hilst
1289. **Fora de mim** – Martha Medeiros
1290. **Divã** – Martha Medeiros
1291. **Sobre a genealogia da moral: um escrito polêmico** – Nietzsche
1292. **A consciência de Zeno** – Italo Svevo
1293. **Células-tronco** – Jonathan Slack
1294. **O fim do ciúme e outros contos** – Proust
1295. **A jangada** – Júlio Verne
1296. **A ilha do dr. Moreau** – H.G. Wells
1297. **Ninho de fidalgos** – Ivan Turguêniev
1298. **Jane Eyre** – Charlotte Brontë
1299. **Sobre gatos** – Bukowski
1300. **Sobre o amor** – Bukowski
1301. **Escrever para não enlouquecer** – Bukowski
1302. **222 receitas** – J. A. Pinheiro Machado
1303. **Reinações de Narizinho** – Monteiro Lobato
1304. **O Saci** – Monteiro Lobato
1305. **Memórias da Emília** – Monteiro Lobato
1306. **O Picapau Amarelo** – Monteiro Lobato
1307. **A reforma da Natureza** – Monteiro Lobato
1308. **Fábulas** *seguido de* **Histórias diversas** – Monteiro Lobato
1309. **Aventuras de Hans Staden** – Monteiro Lobato
1310. **Peter Pan** – Monteiro Lobato
1311. **Dom Quixote das crianças** – Monteiro Lobato
1312. **O Minotauro** – Monteiro Lobato
1313. **Um quarto só seu** – Virginia Verne
1314. **Sonetos** – Shakespeare
1315. (35).**Thoreau** – Marie Berthoumieu e Laura El Makki
1316. **Teoria da arte** – Cynthia Freeland
1317. **A arte da prudência** – Baltasar Gracián
1318. **O louco** *seguido de* **Areia e espuma** – Khalil Gibran
1319. **O profeta** *seguido de* **O jardim do profeta** – Khalil Gibran
1320. **Jesus, o Filho do Homem** – Khalil Gibran
1321. **A luta** – Norman Mailer
1322. **Sobre o sofrimento do mundo e outros ensaios** – Schopenhauer
1323. **Epidemiologia** – Rodolfo Sacacci
1324. **Japão moderno** – Christopher Goto-Jones
1325. **A arte da meditação** – Matthieu Ricard
1326. **O adversário secreto** – Agatha Christie
1327. **Pollyanna** – Eleanor H. Porter
1328. **Espelhos** – Eduardo Galeano
1329. **A Vênus das peles** – Sacher-Masoch
1330. **O 18 de brumário de Luís Bonaparte** – Karl Marx
1331. **Um jogo para os vivos** – Patricia Highsmith
1332. **A tristeza pode esperar** – J.J. Camargo
1333. **Vinte poemas de amor e uma canção desesperada** – Pablo Neruda
1334. **Judaísmo** – Norman Solomon
1335. **Esquizofrenia** – Christopher Frith & Eve Johnstone
1336. **Seis personagens em busca de um autor** – Luigi Pirandello
1337. **A Fazenda dos Animais** – George Orwell
1338. **1984** – George Orwell
1339. **Ubu Rei** – Alfred Jarry
1340. **Sobre bêbados e bebidas** – Bukowski
1341. **Tempestade para os vivos e para os mortos** – Bukowski
1342. **Complicado** – Natsume Ono
1343. **Sobre o livre-arbítrio** – Schopenhauer
1344. **Uma breve história da literatura** – John Sutherland
1345. **Você fica tão sozinho às vezes que até faz sentido** – Bukowski
1346. **Um apartamento em Paris** – Guillaume Musso
1347. **Receitas fáceis e saborosas** – José Antonio Pinheiro Machado
1348. **Por que engordamos** – Gary Taubes
1349. **A fabulosa história do hospital** – Jean-Noël Fabiani
1350. **Voo noturno** *seguido de* **Terra dos homens** – Antoine de Saint-Exupéry
1351. **Doutor Sax** – Jack Kerouac
1352. **O livro do Tao e da virtude** – Lao-Tsé
1353. **Pista negra** – Antonio Manzini
1354. **A chave de vidro** – Dashiell Hammett
1355. **Martin Eden** – Jack London
1356. **Já te disse adeus, e agora, como te esqueço?** – Walter Riso
1357. **A viagem do descobrimento** – Eduardo Bueno
1358. **Náufragos, traficantes e degredados** – Eduardo Bueno
1359. **Retrato do Brasil** – Paulo Prado
1360. **Maravilhosamente imperfeito, escandalosamente feliz** – Walter Riso
1361. **É...** – Millôr Fernandes
1362. **Duas tábuas e uma paixão** – Millôr Fernandes
1363. **Selma e Sinatra** – Martha Medeiros
1364. **Tudo que eu queria te dizer** – Martha Medeiros
1365. **Várias histórias** – Machado de Assis

lepmeditores
www.lpm.com.br
o site que conta tudo

IMPRESSÃO:

PALLOTTI
GRÁFICA

Santa Maria - RS | Fone: (55) 3220.4500
www.graficapallotti.com.br